上海教师

于漪

5

第 5 辑

2021 年 12 月

上海教育出版社

卷首语

上海教师的数字化转型

李永智

数字化转型是上海教育的时代必选。在此背景下，上海教师如何找好着力点，关系到教育数字化转型的落实、教育现代化的深化，也关系到上海教师是否能够成为适应新时代发展的合格教师。

上海教育跨入数字化转型时代

2020年底，上海发布了《关于全面推进上海城市数字化转型的意见》（以下简称《意见》），指出要坚持整体性转变，推动经济数字化、生活数字化、治理数字化全面转型；坚持全方位赋能，构建数据驱动的数字城市基本框架；坚持革命性重塑，引导全社会共建共治共享数字城市。

教育作为治理数字化的重要方面，也是生活数字化的必要领域。以《意见》为指导，上海设计了教育数字化转型总体方案，主要包括三点：（1）以数字化全方位赋能教育综合改革。当前教育面临的评价难题、创新能力培养难题、师生家长负担过重难题等，唯有依托数字化才能根本解决。（2）整体性推进教育数字化转型。不应把数字化当作工具或装饰，应当按照“建设高质量教育体系”的要求，依托数字化并基于数字化，积极开展新时代教育体系重塑。（3）推进教育教学模式的革命性重塑。数字化使得“为每个学生提供适合的教育”成为可能，数字化将革命性地改变传统教学模式。教育数字化转型是对教育理念、体系、内容的重塑，应当从上到下，整体规划，统筹实施。最小实施单位是学校，学校要整体性改变、推进。

教育数字化转型的主要任务

数字化转型的主要任务包括：建设智能教育应用场景、业务流程再造、数据驱动综合评价改革、全面提升师生数字素养、创新教育资源建设模式、建设教育数字基座、推进教育新基建等。基于5G技术开展的新型信息化基础设施，为每所学校、每个区建立通用的类似操作系统一样的集成平台。数字基座让所有应用数据源于一处、融于一处，独立在应用之外，在用户授权和监管下安全可靠使用。同时基于数字基座，建立教育教学新生态，支持学校里的每位教师用低代码开发轻应用，这些应用可以被运用到其他学校，防止各种应用间数据的割裂和孤岛的建立。

其中，智能教育应用场景建设强调基于以知识点为逻辑关联的各学科知识图谱，科学建立各学科知识点的逻辑网络关系，明确每个知识点的前序知识点和后序知识点。一个学科的知识图谱建好后，还可以建立跨学科的知识点逻辑关系图。这样立体的知识图谱，将变成支撑未来数字时代学校以学生为主的自主学习的一个重要基础工程。上海现正在初高中生物、数学两个学科建立知识图谱，还将建立学科间的交联，这是未来的持续性工程。工业化学习方式下，教材呈线性顺序排列，未来知识图谱下的教材呈现的是网状的排列。当学生某项能力未达成时可以逆向追踪，有效支撑自适应学习。知识图谱的建设，必须依靠一线的教育工作者共同完成。

教师数字化转型的着力点

在面向未来的坐标系中，教师要以引领数字化学习为核心，找好专业发展的着力点。其具体包括四个方面：(1）发掘学生潜质。每个学生具备不同的知识和能力水平，在适合什么时间学、适合以什么样的方式学等方面也存在个性化的不同。数据能助力教师发现学生的潜质，更好地支持学生发挥潜质。(2）激发学生兴趣。激发学生对所学知识、对学习的兴趣非常重要。除了直观地激发兴趣，还可以导向性地激发兴趣。通过 VR、AR 等方式，用数据发现学生的兴趣，有针对性地导向激发。(3）指导学生学习。任何人都不可能天生就能找到自己正确的学习方向、生活方向和前进方向，教师和教育体系能够提供指导，给出关于科学方式的建议。教师采用信息化的方式，可以帮助学生寻找最适合自己的学习方式。(4）成就学生价值。教师能指导学生在他们最有天资、最感兴趣的领域通过最科学有效的方式学习成长，学生的最后成绩会体现为其在这个社会上最有价值的一面。

如果用中国话语总结教育数字化的核心，应该有三个关键词：(1)基于数据；(2)因材施教；(3)大规模，即面向所有学生的因材施教。概括起来，就是以数据驱动的大规模的因材施教。大数据时代的未来教育，我们将从技术驱动变成育人为本，从过去碎片化的建设走向整体系统推进，从曾经脉冲式的应用走向未来的常态化应用。

站在工业时代与信息时代交汇的尖峰时刻，教育工作者到底是面向未来还是背向未来，决定着我们学生的未来！

（作者系上海市教育委员会副主任，本文根据作者在某校长研修班上的讲话整理而成，有删节）

Shanghai Teachers

第 5 辑 CONTENTS | 目录

CONTENTS

大中小学思政课一体化的教师行动

[编者按]办好思想政治理论课关键在教师。思想政治理论课教师肩负着播种信念、夯实信仰、塑造灵魂的重任，在思政课一体化中起到基础性作用。为深入学习贯彻习近平总书记讲话精神，打造高质量的思政课教师队伍，助力思政课教师担负起培根铸魂的重任，本辑推出“大中小学思政课一体化的教师行动”论坛。从大中小学思政课一体化的时代背景出发，专家学者分别从思政课教师学习与素养提升、德智并重与德智融合、课堂教学与教育资源、能力提升与专业发展等角度，分享教师视角的思考与行动。希望论坛能够帮助广大思政教师更加深刻地把握大中小学思政课一体化的深刻内涵，主动构建一体化背景下的教师能力提升机制，更好地用习近平新时代中国特色社会主义思想铸魂育人。

教师首先要成为好的学习者

韩 震
北京师范大学学术委员会主任

教师内涵发展要求教师首先要成为好的学习者。就这个主题，我具体从三个方面讲：一是新时代对教育提出新的理念和新的要求；二是教师肩负着更加神圣的使命；三是教师应该如何学习。

一、新时代、新理念和新要求

当前，中国教育改革面临着新的时代背景，一是实现中华民族伟大复兴的战略全局，二是应对世界百年未有之大变局。当然，这是一个过程的两个方面，具体来说，就是因为中华民族伟大复兴的历史进程改变了世界格局，从而形成了世界百年未有之大变局。可以说，这对教育提出了新的要求，就是要培养担当民族复兴大任的时代新人。

今天，中国教育要回应哪些时代问题呢？一是应对中国特色社会主义市场经济体制的发展，满足社会对青少年政治素质和道德修养的更高要求；二是应对生活方式和文化多样性的变化，突出核心价值观的引领任务；三是应对经济全球化和世界文化相互激荡的现实，面对错综复杂的国际形势，必须积极弘扬和培养民族精神，强化文化认同和国家认同教育；四是应对科学技术发展和知识经济发展前景，强化创新型人才和创新精神的教育。

新时代对教育质量和教师素质提出了更高的要求。今天，中国特色社会主义进入新时代，中国不仅站起来、富起来了，还要强起来。过去跟跑的诸多领域，如教育、生产、经济发展等，大多都不用考虑创新问题，主要是借鉴别人经验，因为在落后的情况下学习别人容易快速发展。但目前，很多领域已经开始并跑，个别领域进入领跑状态，在这种情况下，怎么跟别人跑？

这就到了一个关节点，就是必须实现自主创新。只有自主创新的民族才能实现民族复兴，这就要求培养更加优秀的一代新人，从而也就对教育和教师素质提出了更高要求。

要实现中华民族伟大复兴，就要解决别人对我们“卡脖子”的问题，但怎么解决，唯一的道路就是推动原始创新。美国科技创新体系奠基人范内瓦·布什（Vannevar Bush）明确提出应进行基础性的研究，即推动原始创新。如果没有原创性研究，就不可能有领先工艺，这对教育也提出更高的要求。教育一定要进入这样的阶段，即培养具有原始创新能力的人。过去我们更多是习惯于从1到2到3，现在则是从0到1的创新。

要掌握产业链主导权必须走前沿创新的道路，否则就会被别人“卡脖子”。为什么美国和欧洲如此富裕？不是因为他们比我们勤奋，而是因为他们掌握着产业链的主导权。如果我们也掌握着主导权，那我们的经济将会更为强大。目前，我们的制造业规模是美欧总和，但为什么收入不如人家多，因为分配权没掌握在我们手里。

今天，我国经济已经进入高质量发展阶段，立足新发展阶段，教师和教育也要实现高质量发展。那什么是高质量发展？原来我国的发展主要依靠要素投入，包括人、财、物的大规模投入，但仅仅靠这个是不可持续的。高质量发展是指在要素投入不增加，有时甚至减少的情况下，效益反而提升。这就是要向新的科技要效益，向新的科技要发展，而人才培养离不开教育，就对教师提出更高要求。今天，社会越来越需要更高水平的科技创新，没有更高水平的创新人才，是不可能实现经济社会高质量发展的。

知识形态的演进对教师提出了更高要求。我在《中国社会科学》2021年第6期发表了一篇文章，题目是《知识形态演进的历史逻辑》。其中谈及，过去在很长时间内，人类处于农业社会，其知识形态主要是经验的，在那时中国是领先的，但后来为什么会落后，因为我们没有与大机器生产（工业时代）相适应的知识形态，没有实现知识上的突破，而这个突破首先在西方实现了。在大机器生产时代，知识通过原理形态实现了标准化生产，所谓“学好数理化，走遍天下都不怕”，说的就是这种普遍的标准化生产对知识的要求。相比经验形态的知识，原理形态要领先很多，因为经验形态的知识是特殊知识，它主要靠岁月积累，彼此之间没有关联。为什么中医到现在还是经验形态的活化石，就因为中医靠的是岁月中经验的积累，只有积累到一定年龄，摸脉摸到年头才能找到那种感觉。而普遍的原理知识则可以通过学校制度性的教育，实现知识的快速传播。现在，知识形态又发生新的转换，进入一个新的阶段，即依托信息技术平台的大科学。什么叫大科学？原理形态是标准化生产，处理机械就是机械，处理化学就是化学，但现代科学，比如航天，既有生物科学，也有空间科学、机械、化学、材料等。它是综合性的，如果没有计算机计算平台作为依托，根本算不过来，也算不出来，那是大科学装置，是综合化的，这种创新与原来完全不一样。

尽管知识形态发生了变化，但并不是后来的知识就不用过去形态的知识了，或者说前面的知识就不起作用了。相反，前面知识作为后来知识的基础仍然在起作用，但新的知识形态显然又超越了原有的知识形态，对学习和教育都提出了更高要求。经验形态的知识主要靠模仿，靠岁月积累，到原理形态，则是进行规模化培养，按照班级进行系统的标准化教育。在信息技术下，仅知道一个领域的知识很难适应这个时代，学习又出现了新的方式，这也是现在提出跨学科知识问题以及多学科交叉学科知识的人才培养问题的原因。这些都对教师教育提出更高的要求。

目前，在国际竞争的态势和新的知识形态下，如果我们培养不出具有科学知识的创新型人才，必然还要受制于人，被别人“卡脖子”。中国之所以目前很多领域都受制于人，就是还没有在这些领域获得产业链的主导权。只有培养出更高水平的创新型人才，才能在国际竞争中站稳脚跟。

二、教师肩负的神圣使命

之所以提出素质教育的理念，就是为了创新。今天，我国社会已经进入新时代，知识形态也发生了巨大变化，要推动社会的高质量发展，就要求改变旧有的教育模式，树立素质教育新理念。习近平总书记在全国教育大会上将原来的“四育并举”改成“五育并举”，就是要求全面发展，推动素质教育。比如一说起劳动，大家都感觉是体力劳动，其实不仅仅是或者说不完全是，劳动对创新非常重要，我曾阐述过这一问题，在这里就不多说了。人必须具有全面的素质才可以成为创新型人才，譬如在物理学中，如果自己都不劳动、不会动手，就很难进行创新性实验，靠买来的设备进行实验往往只能进行重复性实验。当然，五育并举也不是说平均用力，就像新形态的知识一样，唯有通过知识转移、方法转移实现多学科交叉差异化的知识结构，才容易进行创新。而今天要培养创新型人才，首先要求教师要有创新的意识和知识结构，否则是无法培养创新型人才的。

任正非曾说，我们要用最优秀的人培养更优秀的人。他创立的华为之所以成为世界领先企业，就源于他对人才和教育的理解。他认为，教育要瞄准未来，而未来是智能社会，所以教育要培养的是创新型人才，而不是一般劳动力，唯有创新型人才方能引领社会发展。他说，今天的孩子就是二三十年后的博士、硕士、专家、技师、技工等，无论是博士、工程师，还是工人、农民，在未来社会都得是创新型人才，即使是工人也要掌握高科技并能进行高科技生产，农民也要掌握现代农业化生产技术。要实现这一人才培养目标离不开教育，所以教育要优先发展。党的十九届五中全会指出，我国到2050年要全面建成社会主义现代化强国，但在2035年要率先全面实现教育现代化。为什么要提前十五年？就是要为未来做准备，因为教育关乎民族未来，它不是小事，这就对教师提出了非常高的要求。习近平总书记在2014年考察北京师范大学的时候，要求广大教师成为“四有好老师”，后来中共中央、国务院印发《关于深化教育教学改革全面提高义务教育质量的意见》又重申了这一标准，即有理想信念、有道德情操、有扎实学识、有仁爱之心。习近平总书记谈到好老师要有扎实学识时说：“过去讲，要给学生一碗水，教师要有一桶水，现在看，这个要求已经不够了，应该是要有一潭水。”可见，现在对教师的要求越来越高。

在2019年召开的学校思想政治理论课教师座谈会上，习近平总书记对思想政治课教师又提出了“六要”标准，即政治要强、情怀要深、思维要新、视野要广、自律要严、人格要正。实际上，这不仅仅只是针对思想政治课教师提出的，而是针对所有教师提出的。任何一种职业都要讲职业道德，但其他职业面对的工作对象是物，而教师面对的是人。尽管医生面对的也是人，但往往面对的是病人，且大多数病人都是年龄偏大的，而教师面对的则是比自己更年轻、更有希望、更充满朝气的一代新人。面对这样的一代新人，我们绝不能误人子弟，这就要求教师应加强学习，不断提高自己的素质。

三、教师如何学习

教师只有成为社会上最善于学习的典范，才能承担起教师职业的神圣职责。过去我在美国访学时，曾有教会的牧师跟我说，如果要问“上帝是一个什么样的”，他会回答说“上帝可能是最善于学习的存在”，因为大家都在问“有没有万能的上帝”，“如果有，那这个社会就应该是美好的，为什么还会有问题？可见，上帝也不是万能的。那他是什么？他是最善于学习的存在”。这个故事告诉我们，教师作为未来社会的塑造者，应该成为社会上最善于学习的人。而要成为最善于学习的人，就需要做到以下几点：

一是要成为积极主动的学习者。学习不能被动，只有主动学习，才能进入知识的殿堂，才能在知识高速发展的时代，掌握最基本的知识发展规律，也才能引导学生学习。

二是要成为有行动能力的学习者。现代社会已经进入以信息技术为主导的时代，知识呈现出交叠式发展的态势，特别是物理学、工程机械学等。在此背景下，如果没有动手能力，不会运用实验设备，就只能进行重复性实验。那真正的创新实验是什么？只有在设备上自己设计、自己动手做出来，才是创新性实验。与西方发达国家相比，为什么我国的许多科学技术总是赶不上，因为科学是在行动中发现的，只有一代一代的科学家通过不断实践，才能摸索出基本规律，知道未来在哪里，如何解决问题。

三是要成为有合作能力的学习者。大科学的基础是技术，如果还是依靠一个人拍脑袋，那无论如何也无法满足创新发展的要求。现在所有的创新如果没有技术介入，没有多方面知识的参与，就很难完成，这就要求教师具备较强的合作能力。教师只有知道如何合作，才能教会学生如何合作，所以教师应成为有合作能力的学习者。

四是要成为有创新能力的学习者。创新能力的学习者是指什么？意思是说，关于知识，不是别人说一就是一、说二就是二。当然，科学知识一是一、二是二，但这里说的是另外的意思，即很多知识的适用范围、有效性、边界等都是可以讨论的，都可能有新的用途、新的发现，而要把这种意识教给学生，教师首先要有创新意识和创新能力。

五是要成为有反思能力的学习者。创新不是超越别人，在某种意义上是超越自己。要超越自己，就要学会进行自我反思，即通过自我反思，知道自己的短板是什么、自己过去的问题在哪里、应该改善的地方是什么。只有通过反思，才能推动我们进一步学习，进一步主动学习和创新学习。

六是要成为终身学习的学习者。现在早已进入知识经济时代，这个时代的学习与过去相比有什么差别？过去，活到老学到老是少数人的理想，但现在，活到老学到老是一个人能够适应时代变化的基本要求，否则就会被时代所抛弃。党的十八大以来，我国中小学思想政治课教材发生了很大的变化，为什么呢？因为党和国家在重大理论创新上的步伐加快了，中国特色社会主义从改革开放以来的量变积累到现在，已经呈现出某种阶段性的质变。伴随我国由站起来到富起来再到强起来的飞跃，社会已经发生了重大变化，在这种背景下，我们只有终身学习，才能赶上时代要求。教师要培养未来的创新型人才，就应该首先成为一名终身学习者。

今天讲教育内涵式发展，首先是教师内涵式发展。这就要求教师首先要做一名善于学习的人，才能不辜负国家和人民对教师的期待。不仅如此，教师还应成为引领社会的学习者。社会在发展，教育要培养适应社会发展的人，教师就不能落后于时代步伐，而应先于时代发展，即只有前瞻性地应对时代变化，才能培养出适应未来社会发展需要并引领社会发展的人才。作为新时代的教师，与农业时代已经大不一样，在农业社会，教育就是由师傅带徒弟，教师在某种意义上就是复制自己，其中当然不乏创新，但创新不是明显要求；与工业社会也不一样，工业社会是标准化生产，要求培养规格化人才。现在进入大科学时代，需要培养学科交叉型人才，教师只有成倍放大自己，培养比我们更加优秀的一代人，才能完成我们的使命。这就要求新时代的教师要更善于学习，方能承担这一任务，成为当代社会的引领者和典范。

思想政治理论课中的“德”与“智”

林建华
中国社会科学院马克思主义研究院副院长

作为教育工作者，我们必须持守的理念是为党育人、为国育才、为人民育子弟。相应地，我们就要思考三大问题：培养什么样的人？怎样培养这样的人？为谁培养这样的人？这是马克思主义的立场、观点、方法在教育领域的具体体现。其中，对于培养什么样的人的回答就是观点；对于怎样培养这样的人的回答就是方法；对于为谁培养这样的人的回答就是立场。这三大问题也是思想政治理论课教师必须牢记的“国之大者”。

一、新时代需要思想政治理论课教师发挥独特作用

教育决定着一个民族、一个国家乃至整个人类的未来。一般而言，教育包括两层含义：一是教，二是育。教是知识技能的传授，重点在使人成才；育是品格、人格的教化，重点在使人成人。因此，在教育的范畴里，育是核心，成人、成长、成才、成功是教育的逻辑链条的延展。学校既是学生学习专业知识、提高专业能力的场所，也是学生陶冶理想、精神生长的场所。就此而论，思想政治理论课教育教学和改革既与其他课程形成共同的作用机制和合力，又具有其他任何课程所无法比拟和不能取代的特殊地位和作用，它的始终在“场”是一种必然要求。

作为一名思想政治理论课教师，我们都想成为一名好教师、一名良师、一名名师甚至一名大师，为此就要了解五个层面的政策和态势：一是国家层面的政策和态势；二是本省市的政策和态势；三是本学校的政策和态势；四是本学科的政策和态势；五是本课程的政策和态势。这是我们自身成长的基础和机理。

2021 年是中国共产党百年华诞。在庆祝中国共产党成立 100 周年大会上的讲话中，习近平总书记庄严宣告我们实现了第一个百年目标，正在意气风发向着全面建成社会主义现代化强国的第二个百年奋斗目标迈进。他还庄严宣告，中华民族迎来了从站起来、富起来到强起来的伟大飞跃，实现中华民族伟大复兴进入了不可逆转的历史进程。一代人有一代人的际遇和机缘，我们赶上了好时代，这就是强国时代、复兴时代。我们不能脱离这个大的社会历史背景和时代条件奢谈教育。作为思想政治理论课教师，我们就要思考思想政治理论课的内涵、功能和属性。首先，思想政治理论课是思想课。它的功用是教书育人、立德树人，帮助学生树立正确的世界观、人生观、价值观等。今天要做的就是加快推进教育现代化，建设教育强国，办好人民满意的教育，努力培养担当民族复兴大任的时代新人，培养德智体美劳全面发展的社会主义建设者和接班人。其次，思想政治理论课是政治课。它的功用就是帮助学生自觉与执政的中国共产党保持高度一致，增强“四个意识”、坚定“四个自信”、做到“两个维护”，心怀“国之大者”，提高政治判断力、政治领悟力、政治执行力，因此它在政治上没有随意发挥的自由度。再次，思想政治理论课是理论课。它有自己的概念和原理，它有自己的范畴和逻辑，它涉及的学科领域很广，政治、经济、文化、社会、科技、法律、国防、外交、党的建设等，可以说是百科全书式的课程。它是理论课，是指它是讲道理，即讲指导思想大道理、讲做人做事大道理的课程，但它不是强词夺理，因此它不能也不会理屈词穷。基于这种分析，思想政治理论课既是德育课程，又是智育课程，对它的认识不能肤浅，更不能误读。

二、思想政治理论课教师如何才能发挥独特作用

党的十八大以来，我们经历了一系列实践，一系列动人的实践，甚至是前所未有的伟大实践，产生了伟大的思想和理论。譬如，2016 年 5 月 17 日，习近平总书记主持召开哲学社会科学工作座谈会并发表重要讲话；2018 年 9 月 10 日，全国教育大会召开，习近平总书记发表重要讲话；2019 年 3 月 18 日，习近平总书记主持召开学校思想政治理论课教师座谈会并发表重要讲话。其中有三句话给我留下了深刻印象：一是“思想政治理论课是落实立德树人根本任务的关键课程”；二是“思政课作用不可替代，思政课教师队伍责任重大”；三是“办好思想政治理论课关键在教师，关键在发

挥教师的积极性、主动性、创造性”。再譬如，2020年12月18日，中共中央宣传部、教育部下发了关于印发《新时代学校思想政治理论课改革创新实施方案》的通知；2021年9月，中共中央办公厅印发了《关于加强新时代马克思主义学院建设的意见》等。可以说，思想政治理论课、思想政治理论课教师赶上了新时代、好时代，这也同时需要思想政治理论课、思想政治理论课教师发挥独特作用。

怎样培养人？习近平总书记在全国教育大会上提出了“九个坚持”，这是基本的遵循。教师具有关键作用。韩愈在《师说》中说：“师者，所以传道受业解惑也。”2014年9月9日，习近平总书记在北京师范大学提出了“四有好老师”的要求，即教师要有理想信念、有道德情操、有扎实学识、有仁爱之心。2016年9月9日，习近平总书记在北京市八一学校提出了“四个引路人”的要求，即教师要做学生锤炼品格的引路人、做学生学习知识的引路人、做学生创新思维的引路人、做学生奉献祖国的引路人。2019年3月18日，习近平总书记在学校思想政治理论课教师座谈会上提出了“六要”的要求，即思政课教师政治要强、情怀要深、思维要新、视野要广、自律要严、人格要正，这是专门针对思想政治理论课教师提出的要求。我把这“六要”叫作思政课教师的内功。习近平总书记还对思政课改革创新提出了坚持“八个相统一”的要求，即坚持政治性和学理性相统一，坚持价值性和知识性相统一，坚持建设性和批判性相统一，坚持理论性和实践性相统一，坚持统一性和多样性相统一，坚持主导性和主体性相统一，坚持灌输性和启发性相统一，坚持显性教育和隐性教育相统一。我把这“八个相统一”叫作思政课教师的硬功。实际上，我们要做的就是如何把“德”“德育”的内容与“智”“智育”的内容有机融合。我们努力的方向就是成为一支可信、可敬、可靠，乐为、敢为、有为的思政课教师队伍；我们最终的目的就是把思政课办得越来越好、把人才培养得越来越好。好老师既是经师更是人师，兼具“德育”与“智育”的本领和能力。

三、提高思政课教学质量和水平，关键在教师，制胜在备课，通途和坦途是形成教学、科研良性互动

从教36年，我最深刻的体会一是备好课，有备无患；二是实现教学、科研良性互动，把讲稿转化为文章和著作，把文章和著作引入课堂。

首先，研究自己。我们常讲“知人者智，自知者明”。教师既要知人、知学生，也要知己，做到育人先育己。教育者先受教育，传道者自己先要问道、明道、信道。以己昏昏使人昭昭，这是不可能的，只能是以己昭昭使人昭昭。思政课教师所传之道是马克思主义理论之道、中国特色社会主义之道、社会主义核心价值观之道，所以安教、乐教、善教，视职业为事业是我们的初心和使命。

其次，研究学生。学生是我们的教育对象、教学对象，思政课的针对性、亲和力源于能够满足学生成人、成长、成才的需要和期待，更在于遵循学生成人、成长、成才的规律。因材施教、分途培养、分类发展，是我们的遵循之道。

再次，研究课程内容。课程是教育教学的最基本单元。思政课不是一门课程而是系列课程，因此，我们既要研究思政课的共同特点，更要研究每一门课程的具体特点。“德”“德育”是方向，“智”“智育”是具体要求。譬如，习近平新时代中国特色社会主义思想“三进”，即进教材、进课堂、进学生头脑，这是党和国家的要求。同时，我还提出另外一个“三进”，即进学科、进学术、进教师头脑。国家教材委员会发布的《习近平新时代中国特色社会主义思想进课程教材指南》，就是一个具有指导性的文件。它是“德育”“智育”并举的文件，因为习近平新时代中国特色社会主义思想是党和国家的指导思想，这是最大的政治，因此，对它的讲述和学习是德育。同时，习近平新时代中国特色社会主义思想博大精深，它紧紧围绕坚持和发展中国特色社会主义这一主题，致力于回答新时代坚持和发展什么样的中国特色社会主义、怎样坚持和发展中国特色社会主义，建设什么样

的社会主义现代化强国、怎样建设社会主义现代化强国，建设什么样的长期执政的马克思主义政党、怎样建设长期执政的马克思主义政党等重大时代课题，贯穿马克思主义哲学、政治经济学、科学社会主义等学科，涵盖改革发展稳定、内政外交国防、治党治国治军等领域。它包括对新时代坚持和发展中国特色社会主义的总目标、总任务、总体布局、战略布局和发展方向、发展方式、发展动力、战略步骤、外部条件、政治保障等基本问题所作出的全面深入阐述，包括对经济、政治、法治、科技、文化、民生、宗教、民族、社会、生态文明、国家安全、国防和军队、一国两制和祖国统一、统一战线、外交、党的建设等各领域作出的理论分析和政策指导，所有这些内容都是思想政治理论课从小学到大学涵盖的内容，因此，对它的讲述又是智育。不下大气力、不下苦功夫是难以掌握其要义和真谛，更难以融会贯通和贯彻落实的。

最后，研究讲稿。提高思政课教学水平、教学质量，归结起来一句话——精心撰写讲稿是制胜之招。在把马克思主义理论体系转化为思政课课程体系，把课程体系转化为教材体系，把教材体系转化为教学体系，把教学体系转化为学生思想道德体系和综合素质体系，进而转化为学生信仰体系和践行体系的逻辑链条中，撰写讲稿是重中之重。撰写讲稿，先要解决教师的精力投入问题，这也是我们经常讲的要码字、爬格子，直接目的就是要解决教师的善教问题。巧妇难为无米之炊。一个教师善教，首先就要解决言之有物、言之有理、言之成章、言之精要的问题，重点是要解决教师教学与科研的互动、教师教与学生学的互动的关系问题。如此一来，日积月累，持之以恒，就会从不断丰富、不断充实、不断成熟的讲稿中衍生出一篇又一篇文章、一部又一部著作，形成教学与科研的良性互动、双向提升，达到事半功倍的良好效果。

总之，思政课内涵式发展的教师行动就是《左传·宣公十二年》中说的“有备不败”。打仗是如此，教学也是如此，育人更是如此。思政课教师的内涵就是既成为一名教师，又成为一名学者。在同龄人中脱颖而出，是优秀教师；在同行中脱颖而出，是卓越教师。“苦心人天不负”，“有志者事竟成”，思政课教师就是要做到习近平总书记在庆祝中国共产党成立 100 周年大会上的讲话中所要求的“不负时代，不负韶华，不负党和人民的殷切期望”。

思政课教师的视野与学养
——从党史学习教育谈起

赵鸣岐
上海外国语大学马克思主义学院教授

2021 年是中国共产党成立 100 周年，党的百年庆典在天安门广场举行，意蕴深远、意义重大。在全党开展党史学习教育是以习近平同志为核心的党中央作出的一项重大决策。2021 年 4 月，教育部按照中央的部署和安排，要求在大中小学思政课中开展以党史学习教育为重点的“四史”学习教育，有效提升学生的政治认同、思想认同、情感认同，真正做到“学史明理、学史增信、学史崇德、学史力行”，坚定对马克思主义的信仰、对中国特色社会主义的信念以及对中华民族伟大复兴中国梦的信心。

百年党史蕴含着丰富的思想政治教育资源，是“最生动、最有说服力的教科书”，是“最好的营养剂”，也是青年学生成长成才的“必修课”。从党的百年历史中汲取思想的力量、信仰的力量、道德的力量、实践的力量，发挥思政课铸魂育人的主渠道作用，推动党史学习教育融入大中小思政课教学，落实好立德树人的根本任务，既是新时代思政课改革创新的必然要求，也是新时代学校思想政治工作的重要内容。

2021年2月20日，习近平总书记在党史学习教育动员大会上强调，要教育引导全党胸怀中华民族伟大复兴的战略全局和世界百年未有之大变局，树立大历史观，从历史长河、时代大潮、全球风云中分析演变机理、探究历史规律，提出因应的战略策略，增强工作的系统性、预见性、创造性。特别是在2021年11月召开党的十九届六中全会、2022年下半年召开党的二十大这个大背景下，通过党史学习教育汇聚上下，凝聚人心，激浊扬清，振奋精神，进一步提高全党斗争本领和应对风险挑战能力，为实现第二个百年奋斗目标新的“赶考”之路育先机、开新局具有十分重要的现实意义。

习近平总书记的讲话，对我们思政课教师高标准、高质量做好这项工作提出了要求。

一、要有纵深的“大历史观”下的历史视野

所谓“大历史观”，是强调我们对党的百年历史的认识，要秉持一种长时段、整体化的系统思维与历史意识，在回顾往昔、直面现在、开创未来的维度上，在立足中国、环顾世界、纵贯古今的视野中，来考察和阐释中国共产党的发展进程。这就是说要把党的百年历史放在长时段看，一百年尽管在中华五千年文明史中只是长河一瞬，然这一百年，对于我们党来讲是划时代的，因为一百年前，我们党成立时只有50多名党员，今天已经发展成为拥有9500多万名党员、领导着14亿多人口大国、具有重大全球影响力的世界第一大执政党。目前全球有230多个国家和地区，中国共产党仅用百年时间就发展成为全球第一大政党，这在世界政党发展史上是一个奇迹。特别是在当今世界社会主义处于低潮、许多社会主义国家的共产党失去执政地位的情势下，更是一个备受关注的历史现象。而对于我们民族来讲，这一百年更是里程碑性质的。因为正是在这一百年间，中国共产党带领人民历经革命、建设和改革各个时期接续奋斗，使中华民族迎来了从站起来、富起来到强起来的伟大飞跃，让我们这个曾经面临“被开除球籍”危险的国家走近世界舞台中央，让我们这个饱经磨难的民族接近复兴梦想，书写了中华民族几千年历史上最恢宏的史诗，创造了中华民族发展史、人类社会进步史上的伟大奇迹。因此，要充分展现党的百年历史需要树立“大历史观”，要从中华5000多年文明史、世界500多年社会主义发展史、中国人民近代以来180多年奋斗史、中华人民共和国成立70多年的奋斗史以及改革开放40多年的奋进史中来认识和把握。

树立“大历史观”，为我们深入学习百年党史提出要求、指明方向。一是要求我们胸怀“两个大局”，心怀“国之大者”，把百年党史放在历史长河中审视，放在全球风云中比较，放在时代大潮中把握，而不是单线孤立地看待。不能仅就百年谈百年，只有在长时段的历史场域中阐释历史，才能发现历史背后的真谛。历史是国家的回忆、民族的回忆、人民的回忆乃至整个人类的回忆，失去这种回忆的国家、民族和人民，将是不健全的，也是难以把握自己命运的。

二是要求我们必须坚持用马克思主义的立场、观点、方法，分析和把握党的百年历史的主题和主线、主流和本质。其主要是我们党自创建至今，为了践行为人民谋幸福、为民族谋复兴、为世界谋大同的初心和使命，在理论上，艰辛探索，为推进马克思主义中国化而不断进行理论创新、理论创造的历史；在实践上，不懈奋斗，带领全国各族人民进行新民主主义革命、推进社会主义革命和建设、实行改革开放和奋进新时代，迎来从站起来、富起来到强起来的伟大飞跃，努力实现中华民族伟大复兴中国梦的历史；在党的建设上，牢记宗旨，始终保持党的先进性、纯洁性，不断防范被瓦解、被腐化的危险而加强自身建设的历史。同时旗帜鲜明地批判

诋毁和否定党的领导的历史虚无主义等错误思潮和论点。这个问题在高校非常突出，近年来，中央和教育部之所以高度重视和反复强调课程思政建设就是基于加强高校意识形态工作而推进教育教学改革。

三是要求我们通过学习百年党史，以高度的历史自觉和深远的历史意识，把握历史规律，汲取历史智慧，充分发挥党史“以史鉴今、资政育人”的作用。一个政党的历史是一个政党安身立命、发展壮大的根基，是其组织成员梳理历史脉络、透析历史本质和规律的丰富素材。建党一百周年是一个总结经验、面向未来的重要节点。重视并善于总结历史经验，是中国共产党的优良传统，也是中国共产党的一大特点和优势。总结党的百年历史经验，汲取历史营养，不断深化对共产党执政规律、社会主义建设规律和人类社会发展规律的认识，不断开辟马克思主义中国化的新境界，这是新时代进行伟大斗争、建设伟大工程、推进伟大事业、实现伟大梦想的现实要求，也是我们党勇于自我革命、加强自身建设的思想自觉和行动自觉。为此，我们要重视和强调用党的百年奋斗历程和革命精神鼓舞斗志、明确方向，用党的光荣传统和优良作风坚定信念、凝聚力量，用党的实践创造和历史经验启迪智慧、砥砺品格，激发学生知史爱党、知史爱国，在学习领悟中坚定“四个自信”。现在高校有相当一部分大学生经常“翻墙”看一些外网，对党和党的历史了解与认识上存在一些误解和偏差。事实上，目前西方媒体对有关中国的报道和评论几乎 80% 都是负面的，尤其是对党史进行别有用心的歪曲和虚无主义的评论很多。因此，如何引导学生，责任重大。历史教育最深厚的基础、最重要的社会功能就在于足以引起大众的“精神革命”。歌德曾说过一句脍炙人口的话：“历史给我们的最好的东西，就是它所激起的热情。”马克思主义认为，进步的、革命的历史观能够引导人们从历史中树立起神圣的使命感。资政育人是我们思政课教师今天必须做的事情，是责无旁贷的职责。

二、要有宽广的国际视野

“视野要广”，是习近平总书记在 2019 年 3 月 18 日的讲话中对思政课教师提出的“六要”之一。如何做到视野要广？落实到党史学习教育方面，就是要求我们思政课教师在教学和研究中，在看问题和想问题时，我们的思维和眼界要站在更广阔的视角上观察和思考，要善于把中国纳入世界，与世界联通起来，并注重中外比较。

近代以来的中国是在与世界的互动关系中演进的，是世界历史的重要组成部分。自 1840 年鸦片战争后，传统中国的“天下体系”与西方资本 – 帝国主义的“殖民体系”、华夏的农耕文明与西方资本主义的商业 – 工业文明发生了全面的冲突。这个冲突既打破了封建中国长期封闭性发展的格局，又导致了中国逐步沦为半殖民地半封建社会。此后一个多世纪的中国，为了求得民族独立和人民解放、实现国家繁荣富强和人民共同富裕，中国社会各阶级、各种进步政治力量、无数志士仁人提出过各种主张，展开过各种抗争，进行了举世罕见的漫长而崎岖的民族伟大复兴的艰辛探索。

但这个探索过程不是孤立进行的，而是在对近代以西方为主导的世界逐步认识的基础上渐次展开的。洪秀全领导的太平天国农民运动借助了西方基督教作为意识形态资源，清政府的洋务运动是在“中学为体、西学为用”的框架下进行的，康梁的维新变法借鉴了英国和日本的君主立宪制，孙中山领导的辛亥革命则是力图仿效欧美的政体来实现其对传统中国“旧邦新造”的政治理想。然而，不触动封建根基的自强运动和改良主义，旧式的农民战争，资产阶级革命派领导的革命，照搬西方资本主义的其他种种方案，都不能完成中华民族救亡图存的使命和反帝反封建的任务。中国共产党正是“在中华民族内忧外患、社会危机空前深重的背景下，在马克思列宁主义同中国工人运动相结合的进程中”应运而生的。列宁所领导的共产国际在思想上、组织上和经济上的帮助，对于中国共产党的成立起到了推动作用。中国共产党的诞生，深刻改变了近代以后中华民族发展的方向和进程，深刻改变了中国人民和中华民族的前途和命运，深刻改变了世界发展的趋势和格局。从此，中国人民有了前进的主心骨，中国人民在精神上由被动变为主动。历史和人民选择了马克思主义，选择了中国共产党，是中国近现代历史发展的必然。可见，学习百年党史，必须了解和认识近现代中国所处的世界格局、基本国情和面临的主要矛盾、历史任务，这是影响党的百年历史进程的历史依据和理论依据。

把近现代中国放在世界近现代历史范畴中审视，往往会进行比较。如我们提及“维新变法”时总会自觉或不自觉地与日本的“明治维新”比较，谈论“民主制度”“发展道路”时也会进行中外比较。这种比较有助于我们认识并看清社会历史现象或问题的差异性和独特性。将党的百年放在中国近现代和世界近现代的历史进程中审视，放在世界500多年社会主义发展史中比较，能突显我们党百年的艰辛探索，尤其是彰显我们探索和开辟中国特色社会主义现代化道路以实现民族复兴，在价值遵循、制度建构、发展模式等方面独具的世界历史意义。习近平总书记在庆祝中国共产党成立100周年大会上的重要讲话中强调，在全球的发展模式中，我们已经创造了中国式现代化新道路、中华文明新形态。对于中国式现代化新道路、中华文明新形态，如何全面、深入、系统地阐释？显然，这需要对人类社会历史发展总体进程的文明史进行比较，需要与发达国家及发展中国家进行比较，需要对近代至今世界资本主义演进和社会主义发展进行考察。对此，我们必须突破历史线性思维的僵化逻辑，放宽历史的视野，以马克思主义唯物史观为指导，从大地域、长时段来分析，尤其是从马克思主义整体性世界历史的生成机理进行分析，辩证透视16世纪以后中国与世界历史发展的脉络和走向，深刻揭示鸦片战争前后中国与西方互动的多重维度和内在关系，系统分析党的百年历程在近现代中国社会发展与变迁以及在世界资本主义和社会主义发展演进中的历史作用和历史贡献等问题，并要注意和把握这些问题背后各种观点之争的问题视角、历史映射和价值取向，尤其要注意在对近现代中国与世界多元关系的审视上，既要反对“西方中心论”，也要避免陷入“中国中心论”。

钱穆先生认为，历史研究有两种意见，一种是历史意见，一种是时代意见。人类总是出于对现实和未来的需要来回顾自己的过去，而研究历史，便是为现实和未来服务的，这是历史学很重要的社会功能。我们今天回望百年党史，不是出于对党史感兴趣而学习党史，而是为了以史为鉴、开创未来。实际上，我们对很多历史的评述往往游走在历史意见和时代意见之间，并且常常不自觉地受时代意见的影响而对历史意见作出适应时代的解读。这种解读有时可能符合历史真相，有时可能有一些细微的差异，有时可能包含若干错误，有时甚至可能是伪造的假象。历史解释随时代主题转换作适应性调整的特点，常会给一些不求甚解者篡改历史结论的机会。他们在割裂史料和缺乏严密论证的情况下，依据假设甚至猜想，强行推导出某种选择性结论，进而实现其特定价值观念的传递，如“告别革命说”等论点。但不顾历史真实的任何妄断和猜想，因缺少了材料和学理的支撑，便难免滑向历史虚无主义。可见，价值观的取向很重要，我们要高度警惕并坚决抵制和批判历史虚无主义等错误论点及思潮对青年学生的不良影响。

当前中国正处在“世界百年未有之大变局”时期，从当今中国的发展态势来看，不管这个大变局怎么变，21世纪的中国已日益从世界舞台边缘走向世界舞台中心和全球治理前沿，中国与世界的命运从来没有像今天这样紧密相连。特别是在新冠疫情肆虐全球的形势下，在以美国为主的一些西方国家的打压情势下，中国的发展仍然表现出勃勃生机，而且中美之间的贸易不降反升，这说明了什么？这说明了中国经济的韧性，中国经济结构的互补性，中国经济发展的强劲性。正是基于此，习近平总书记强调今天中国要为世界作贡献，因为中国已然成为世界经济增长的重要引擎。在此情况下，我们要引导学生正确认识中国特色和国际比较，全面客观认识当代中国和看待外部世界，科学分析目前中国面临的国际环境，让学生在世界大变局中看到中国的机遇和挑战。中华民族伟大复兴的战略全局是世界百年未有之大变局的重要变量，我们要着力推动世界大变局朝着有利于中华民族伟大复兴的方向发展，朝着有利于推动构建人类命运共同体的方向演进。这是我们党史学习教育中必须秉持的立场和取向。不仅如此，我们还要通过总结世界各国历史经验，通过历史比较，突显我们的优势，增添我们的底气，进而增强“四个自信”。

三、要有多维的理论视野

思政课强调思想性、理论性，这是思政课有说服力、吸引力的关键所在。党史学习教育的目的是学史明理、学史增信、学史崇德、学史力行。学党史、悟思想，第一个就是明理，就是要树牢唯物史观，强化理论思维、历史思维，把握历史规律。明理才能增信，增信才能有历史自觉，才能伴随情感、依托理智、升华于信念、体现于理想，最终化为行动，达到知行合一。百年党史涵盖了近现代中国的政治、经济、文化、社会、党建等方面，蕴含了不同领域、不同学科的理论问题，不仅要求我们掌握和融会哲学、历史学、政治学、经济学、科学社会主义等重要专业知识，了解和关注我国及国际方面的经济、政治、社会、文化等各领域的基本状况，还要了解和熟悉这些学科的理论，并善于用这些理论来分析问题、解决问题以回应学生的关切。这就是为什么现在思政课教师难做的原因，难就难在要全能，十八般武艺都要拎得起，只要有短板，学生提问时就会露怯。

如何弥补这个短板？整个党史学习教育中有很多理论问题：如何正确认识和准确把握党的百年历史和主题主线、主流和本质？怎样看待党的百年历史取得的伟大功绩和伟大成就？（党的十九届六中全会的核心就是总结党的百年重大成就和历史经验问题。）如何认识学党史与理想信念、初心使命、性质宗旨的关系，学党史与“四史”的关系，学党史与保持同人民血肉联系的关系，学党史与党和国家工作大局的关系，学党史和开创未来的关系等？如何全面历史辩证地看待和评价历史人物特别是党的主要领导人？如何认识伟大建党精神的理论内涵和品格特点？如何认识党的百年奋斗历史经验？重温百年党史对于新时代坚持和发展中国特色社会主义到底有什么历史启示，以及如何完整准确地认识、理解和把握习近平总书记在庆祝中国共产党成立100周年大会上的重要讲话中所提到的一系列新思想、新观点、新论断、新表述？

对上述这些问题作出回应，促使我们思政课教师要有深厚的学养。几年前，上海市教委搞大中小学德育一体化时曾专门编写过针对高校思政课教师的学养读本，对广大教师特别是青年教师很有帮助。今天，面对“00后”大学生，我们思政课教师的知识储备、知识结构能否适应学生多样化、多层次的需求？如上海外国语大学，很多学生有在国外学习交流的经历，他们的国际知识比我们了解得还要多。我曾要求青年教师一定要能双语教学，而且我当时每年派教师到国外去访学，几年下来学院有近三分之一的教师有过三个月以上的访学，不这样就无法和学生进行对话。此外，教师的理论功底、理论素养能否应对现实问题、解答学生困惑？我们的话语表达、情感沟通能否贴近学生、吸引学生、引导学生？这对教师的学养提出了前所未有的要求。为此，我们需要从以下三方面加以提升：

一是拓展自己的眼界。视野本身是指眼睛看到的空间，但是今天我们的眼睛能看到的地方来自书本、来自传媒、来自实践，在交通和资讯极其发达的今天，最远的距离已不再是地理上的远与近，而是我们手中的书本、脚下的感知以及认知的眼界，读万卷书，行万里路，看天下事。

"纸上得来终觉浅，绝知此事要躬行。"

二是强化辩证思维和历史思维。今天我们的思维或思考已能触及我们认知的所有领域，而辩证思维和历史思维是最根本的思维。马克思认为，"历史不过是追求着自己目的的人的活动而已"。通过历史，认识历史和社会发展规律并最终认识人类自己，有助于我们自觉地控制和掌握现代的社会运动，以及未来发展的趋势。我始终认为，人最欠缺的就是预见性，我们每个人都无法准确预见自己的未来。但历史学具有反映历史发展的连续性的特点，所以能够比其他学科更多地满足人们在这方面的需求。从这个意义上讲，如果一个民族、一个国家愈是具有强烈的历史意识，那么愈是表明这个民族、这个国家在关注着自己的现实状况和未来命运。就近代中国而言，西方不仅仅是认识中国的镜子，它就是我们历史的一部分。我们认识世界和认识自己，其实都和一个被建构的西方有直接关系，不论那个西方的好与坏。一百多年来，在中国人心目中尤其是知识分子眼中的西方既曾是憧憬的对象，也曾是诅咒的对象。从某种意义上讲，我们如何把握中外之间的关系，这一认识、这一建构的进程仍在发展之中。

三是强化语言表达能力。力求用简单准确的语言表达清晰的思想。哈佛大学的研究认为，能够做到这一点的仅占人群中的 10%。今天我们思政课教师绝对应该是这 10%，你怎么把思想灌输到学生头脑里，需要有相当程度的话语表达能力。思想政治教育的内容和知识点脱胎于意识形态话语、文件话语和权力话语，具有鲜明的政治大话语特征。所以，思政课一定是意识形态的政治话语。如何把意识形态的政治话语学理化，学理化话语通俗化，通俗化话语趣味化，书面化话语口语化，刚性话语柔性化，熟悉话语陌生化，这些话语转化，是我们今天要做的工作，而要做到这点，任重而道远。

用合力上出思政课的魅力和活力

陈明青

华东师范大学第一附属中学教师

2019 年 3 月 18 日，习近平总书记主持召开学校思想政治理论课教师座谈会并发表重要讲话。习近平总书记提出要增强思想政治理论课的思想性、理论性和亲和力、针对性，在大中小学循序渐进、螺旋上升地开设思想政治理论课。思想政治理论课要实现内涵式发展，可以从魅力、活力和合力三个角度来发力。

一、要彰显真理的魅力

思想政治理论课是立德树人的关键课程。习近平总书记谈到怎样办好思政课时，强调要以透彻的学理分析回应学生，以彻底的思想理论说服学生，用真理的强大力量引导学生。以理服人，是思政课的主要教学方式。对于思政课而言，最重要的道理莫过于马克思主义真理。

首先，思政课要彰显马克思主义世界观和方法论的魅力。习近平总书记说马克思主义理论的科学性和革命性，源于辩证唯物主义和历史唯物主义的科学世界观和方法论，这为我们认识世界、改造世界提供了强大的思想武器，为世界社会主义指明了正确的前进方向。思政课要彰显马克思主义真理的魅力，就要想方设法讲好马克思主义的科学世界观和方法论，并将其贯穿于教学的各个环节。我们有些思政课教师认为马克思主义的科学世界观和方法论只存在于教材的"哲学与文化"板块，其实不然，马克思主义作为我们党和国家的指导思想，广泛存在于我们各个教学内容，比如在学习高中统编教材《中国特色社会主义》模块中我国主要矛盾变化的内容时，教师不仅要讲清楚我国主要矛盾发生了怎样的变化，为什么会发生这样的变化，更要讲透这些内容中蕴含的辩证唯物主义、世界观和方法论。辩证唯物主义告诉我们，世界统一于物质，物质决定意识，要坚持一切从实际出发，实事求是。我们党正是从这种世界观和方法论出发，作出了中国特色社会主义进入新时代的重大政治判断，提出要准确把握中国国情中的变与不变的辩证关系，准确把握中国改革发展不同阶段的新变化、新特点，从而让我们的工作更好地符合客观实际。我们思政课教师讲我国主要矛盾变化，如能画龙点睛地指出变化背后这一马克思主义世界观和方法论，马克思主义真理的魅力就能跃然纸上。

其次，思政课要彰显马克思主义中国化的魅力。2020 年 1 月 19 日，习近平总书记在参观艾思奇纪念馆时指出，我们现在就需要像艾思奇那样能够把马克思主义中国化、本土化讲好的人才，这也是对我们思政课教师提出的要求。在教学实践中，我们摸索出了“两线三进”的实践育人法，来讲好马克思主义中国化。所谓两线，就是指课内课外两线联动，学生既在课堂上学习马克思主义中国化的理论，又通过场馆参观、人物访问、调研等方式体悟马克思主义中国化的立场。所谓三进，指的就是原著导读、红色体悟、社会调查三种学习方式有效衔接，齐头并进。

再次，讲好马克思主义真理还要彰显马克思主义人格魅力。在纪念马克思诞辰 200 周年大会上，习近平总书记深情回顾了马克思的人生轨迹，深刻阐释了他的理论贡献，深入剖析了他的人格。孟子说：“颂其诗，读其书，不知其人，可乎？是以论其世也。”孟子讲的知人论世的道理，特别适用于思政课的马克思主义理论学习。学生认同马克思主义真理的魅力，认同马克思本人的伟大和崇高，这是前提。我们有思政课教师可能会提出道德与法治教材、思想政治教材中没有专门讲述马克思生平的章节，这部分内容很难落实。我们的做法是将马克思人格魅力的教育渗透在平常教学中。比如在小学四年级讲到“好朋友，真友谊”时，我们会跟孩子讲讲马克思、恩格斯长达 40 年的革命友谊。又比如在初中八年级讲“天下兴亡，匹夫有责”时，我们会讲马克思在他一生最贫困潦倒时写成《资本论》的故事，让学生一起感悟当时马克思在写《资本论》时，是怎样的境遇，而心中又是怎样的理想与抱负。再比如，在高中讲“价值观对人的行为的导向作用”时，我们会和学生一起来诵读马克思在 17 岁时写下的作文《青年在选择职业时的考虑》，以此来体悟和反思崇高的理想对人的引导作用。

二、要激发思想活力

传授真理，传递真理的魅力，是思想政治理论课的职责和功能，但仅仅做到这一点还不够。思政课不仅要向学生传授思想，还要激活学生的思想。

首先，要让思想在现实生活的推荡中“活”起来。思想的生命活力来源于它所反映的社会实践，因此最能激活思想的是现实生活。在思想与现实生活的推荡中，思想政治理论课教师可以抓住两个关键点：其一要发现思想与现实的关联点，其二要设计唤醒思想兴奋点的学科活动。比如，我们在高中“政治与法治”模块中讲人民代表大会制度时，教师首先要找到思想与现实的关联点。教师发现学校附近工地施工影响了学生自习与休息，是学生普遍关注的问题，于是就把这个问题带进了课堂，问学生能否借助人大代表的力量来解决工地施工扰民的问题。一石激起千层浪，有的学生说可以，有的学生说不可以，更多的学生说理论上可以，实际操作中不可能等。教师就顺势而为，带着学生学习人民代表大会制度的相关知识，从学理上证明人大代表能够帮忙解决工地施工扰民的问题，但多数学生仍旧对人大代表能否解决工地施工扰民的问题莫衷一是。紧接着，教师设计了实践活动，也唤醒学生的思想性论点。教师带着学生向辖区内的人大代表反映了工地施工扰民的问题，请人大代表一起帮忙解决问题。教师和学生跟随人大代表一起走访了工地，在走访过程中学生向工地负责人表达了自己的诉求，学生也是第一次听到了工地负责人和工人们的想法和苦衷。走访回来，学生对如何解决工地施工扰民的方法众说纷纭，教师趁热打铁，组织帮助人大代表写议案的活动，要求学生找到合适的解决方法。事实上，我们的学生不仅撰写了解决工地施工扰民问题的议案，还就如何规范施工、如何规范晚间施工等提出了合理化建议。在这一学习活动中，如何解决学校附近工地施工扰民这一现实问题，就是活跃学生思想的触发器。解决工地扰民的问题一定要做到有法可依、执法必严，工地晚间施工也有工地的难处，对这个问题应该开一个工地居民与政府部门联动的听证会，这是切实可行的办法。学生的思想在现实生活的推荡中“活”起来了，在大思政课中学生不再是旁观者，而是积极的建设者、参与者。

其次，要让思想在与人的交往中“活”起来。思想是人创造的，是为人服务的，当思想与活生生的人联系在一起时，才能真正被激活。因此，思政课上我们非常鼓励学生将头脑中的思想用语言表达出来，在表达中谋求对思想更深入的理解。我们还非常鼓励学生不仅与自己对话，而且与别人对话，在思想交流和碰撞中保持活力，激发活力。因此，在我们的课堂上，我们非常关注这三项活动：讲、辩、驳。所谓讲，就是要求学生围绕一个主题自由阐发观念，侧重于培养学生选择恰当的论据和论证方式来表达自己的观点。所谓辩，即辩论，就是在讲的基础上，侧重于培养学生辨析和厘清有分歧的价值观念，比如科技发展是促进还是抑制人的发展，开放廉价航空市场是利大于弊还是弊大于利，这些都是我们课上的辩题。所谓驳，就是驳斥，是在讲和辩的基础上，侧重于培养学生剖析错误思想的根源，有创见地去批驳一些不当质疑和主张，比如我们组织学生对唱衰中国论、劳动过时论等观点进行驳斥。

三、要形成育人合力

思政课要彰显魅力，要激发活力，单靠一个学段或一门学科的单打独斗是不可能的，在学科内容上要形成大中小学一体化的合力，在学科间要形成同向同行的合力。

首先，要形成大中小学一体化的合力。对大多数教师而言，在大中小学循序渐进、螺旋上升地开设思想政治理论课已经成为共识。马克思主义真理的魅力犹如一幅画卷，由易到难、由浅入深地徐徐展开。不同学段的教师为学生搭建攀登的阶梯，带领学生追寻马克思主义真理，需要根据不同学段的学生特点来确定教学内容和教学方式。比如，为庆祝建党百年，我和我的团队围绕“忆初心，悟精神，勇担当”主题进行了大中小学一体化的集体备课和研讨活动。小学聚焦中国红，从认知革命的红色到认识坚守火红初心的共产党员，用中国红来打牢学生成长的底色。初中重温习爷爷讲过的革命故事，如真理的味道是甜的，将军夫人当农民，半条被子的温暖，师生共同提炼故事中蕴含的首创、奉献、奋斗，以人民为中心等革命精神的元素。而高中则梳理中国革命精神的图谱，从建党精神到长征精神，从“两弹一星”精神到改革开放精神再到抗疫精神，在变与不变的辩证法中，让高中生感悟薪火相传、连绵不断的中国共产党的初心与使命。而到了大学阶段，则关注落实使命担当，鼓励学生将初心转化成为革命老区服务，为传播马克思主义理论服务，将小我融入大我的追寻中国梦的切实行动。

其次，要形成学科间同向同行的合力。有位学者说过，思想政治理论教育好比血液循环，血液循环的渠道有主渠道和微循环两种。主渠道指的就是思想政治理论课，主要负责将思想政治理论教育的养分传递到身体各个方面，在思想政治理论教育中起主导作用。微循环指的就是其他课程学习，以及学生社团、学校文化等。微循环虽小，但数量大、分布广，能很好地配合和协助主渠道，完成思想政治理论养分的运送任务，且在维护主渠道的安全、分担主渠道的压力方面还起到了重要作用。思想政治教育有了主渠道和微循环的相互补充与配合，教育才能畅通无阻，事半功倍。思政课要守好主渠道、主阵地，还要学会巧用微循环。比如在高中“政治与法治”模块，我们讲中国共产党的领导时，就采取了学科协同的教学方式。先由影视文化选修课教师组织学生观看《建国大业》《建党伟业》《我和我的祖国》《1921》等电影，并组织电影中的经典台词和片段的模仿表演活动。与此同时，历史教师在历史课上跟进讲解我国旧民主主义革命和新民主主义革命的历史故事和片段。语文教师则跟进组织学生赏析《沁园春·雪》《七律·长征》《蝶恋花·答李淑一》等革命诗词。而后再由政治教师以“为什么中国共产党的执政是历史和人民的选择”为议题，带领学生探究中国共产党成为执政党的必然性。

在基础课程之外，我们还巧用了上海高中学生的社会实践服务活动。我们鼓励学生到场馆去做党史讲解员。“1925 年的 1 月 11 日这一天，东宝兴路的石库门弄堂里的英文补习班开班了，楼下一位阿姨边做家务边打量四周的动静，一旦弄堂里出现可疑的人影就悄悄打响楼梯门口的按铃，而楼上由全国 994 名共产党员推选的 20 位代表，正对中国革命的前途展开深入、系统的探讨。”这可不是思政课教师讲的，也不是哪一个场馆的讲解员讲的，而是我们的一名学生在中共四大纪念馆做义务讲解，这是他上的一堂微党课。这也是“00 后”学生穿越百年时空，用青春的语言发扬红色传统，传承红色基因，赓续中国共产党人的精神血脉。就这样，思政课、历史课、语文课，基础课程和选修课程，校内学习和校外实践，各个育人渠道协同作战，让学生享受了一次全方位、全过程、全覆盖的关于坚持党的领导的学习，大大提升了育人效果。

讲好思政课不容易。让我们迎难而上，争做培根铸魂的大先生，成就立德树人的大事业。

大中小学思政课一体化建设背景下的教师能力提升机制构建

王宏舟
上海海洋大学党委书记

党的十八大以来，关于大中小学思政课一体化建设的理论与实践不断走向深化，大中小学思政课一体化建设也成为思想政治教育改革的重要内容。在 2019 年 3 月 18 日召开的学校思想政治理论课教师座谈会上，习近平总书记明确指出，“在大中小学循序渐进、螺旋上升地开设思想政治理论课非常必要”，“要把统筹推进大中小学思政课一体化建设作为一项重要工程，推动思政课建设内涵式发展”。如何落实习近平总书记重要讲话精神，推进大中小学思政课一体化建设已成为当前教育管理者和研究者关注的重要问题。教师是教育工作的中坚力量，在当前推进思政课改革创新，必须通过构建大中小学思政课一体化建设背景下的教师能力提升机制，打造政治素质强、专业水平高和育人能力强的高水平思政课教师队伍。

一、教师是推进大中小学思政课一体化建设的关键

1994 年发布的《中共中央关于进一步加强和改进学校德育工作的若干意见》提出整体规划学校的德育体系，并要求各教育阶段的德育加强整体衔接，防止简单重复或脱节。这可以说是德育一体化设想的最初萌芽，思政课作为学校德育的重要组成部分，其一体化建设也进入了准备阶段，并在随后二十多年得到不断探索与实践。学校思想政治理论课教师座谈会首次正式提出大中小学思政课一体化概念，并且明确提出“要把统筹推进大中小学思政课一体化建设作为一项重要工程”。从这次会议开始，无论是中小学阶段的社会课、道

德与法治课、思想品德课还是大学的思想政治理论课都被统称为“思政课”，相关课程从业教师也被统称为“思政课教师”。这虽然只是一个名称上的变化，但却释放出党和政府着力推进大中小学思政课一体化建设的信号。我们在调研中发现，推进大中小学思政课一体化，加强顶层设计与各学段思政课教材内容的衔接和系统架构诚然重要，但教师主体作用和能动性的发挥更是关键。

首先，以教师为主体推进大中小学思想教育一体化是我国教育传统所需。南宋时期，朱熹就提出把小学和大学作为一个统一的教育过程来考虑，主张通过教育“明人伦”“明明德”。这里的小学指8岁至15岁期间的教育阶段，大学则指15岁以后的教育。朱熹认为，小学重在“教事”，要通过教育让儿童知晓道德观念，并养成良好的行为习惯；大学则重在“教理”，通过教育让青少年学习伦理、政治和哲学等“穷理正心，修己治人”的学问。但无论大学还是小学，其尊道而行的教育目的是一致的，那就是“学之大小，固有不同，然其为道，则一而已”。而要实现这种不同学段的教学目的，并通过不同教学内容与教学方式的选择来实现思想道德培养的循序渐进、一以贯之的关键就是教师。以《论语》的教学为例，针对不同学段的学生，教师会选取不同的内容并以不同的讲解方式进行教学。由此可见，通过教师实现对学生的理想信念、价值观塑造和思想道德教育一体化在我国由来已久。

其次，发挥教师能动作用是推进大中小学思政课一体化建设的客观要求。习近平总书记说，“办好思想政治理论课关键在教师，关键在发挥教师的积极性、主动性、创造性”。思政课是对学生开展思想政治教育、引导学生树立远大理想、形成坚定信仰的主阵地。和其他课程不同，思政课具有强烈的意识形态色彩，思政课教师肩负着鲜明的政治任务，那就是为党育人、为国育才，培养中国特色社会主义事业合格建设者与可靠接班人。解决思想困惑与理想信念问题不能靠简单的知识传授，还涉及情感、态度、价值观等问题。此外，思政课教材，尤其是大学阶段的思政课教材具有很强的科学性、权威性和严肃性，并且会根据马克思主义与中国实际结合的情况及时进行大幅修订。这就要求思政课教师不仅要能吃透教材，领会党中央的精神，而且还要善于转变教学观念，灵活运用多种教学手段创造性地使用教材，把教材语言转换为学生爱听的教学语言。这样才能让思政课有活力、有内容、有深度，才能让思政课教材内容真正进入学生脑海和心田，达到立德树人的目的。

二、要深化大中小学思政课一体化建设背景下提升教师能力的相关认识

首先，要强调思政课作为学校立德树人根本任务的关键课程的定位。要把思政课是落实学校立德树人根本任务的关键课程这一定位与统筹推进大中小学思政课一体化建设结合起来，从一体化的角度来理解和把握思政课教师能力提升的重要性。习近平总书记指出，立德树人是各级各类学校的根本任务，思政课是学校实现立德树人根本任务的关键课程。既然是关键课程，就应发挥其在立德树人中的主渠道主阵地作用。“师者，所以传道受业解惑也。”我们平时说教师的两大任务是教书和育人，即知识传授和价值传达，既要把知识传授给学生，更要帮学生构建价值基础和人生信念，包括政治信仰和理想信念。如果只是传授知识，而没有做到价值传达，教师的职责就没履行到位。只有既教书又育人，才能达到立德树人的要求，才能尽到一位教师的职责。思政课教师更应把思政课作为立德树人根本任务的关键作用发挥出来，在传授知识时，既要根据各学段学生的特点体现阶梯性和阶段性，也要体现渐进性。与知识传授相比，价值建构则体现出非线性与连续性。人的价值观并非一成不变，而是随时都有可能变化。因此，价值建构和知识传授是两种模式。在当前，要思考教书育人，必须把知识传授和价值传达有机地结合起来，要关注价值构造的连续性。否则，大中小学思政课一体化的要求就很难落到实处。

其次，要强调对思政课教学对象的研究。课堂教学包含教师和学生两大主体，在教学过程中两者都要发挥作用。特别是教师要加强对学生的研究，在设计教学方案时遵循学生成长规律，在实施教学时充分发挥学生的主动性。否则，思政课的有效性就会大打折扣。现在的青少年又称“Z世代”，他们一出生就与网络信息时代无缝对接，在学习、思考、生活方式等方面都深受数字信息技术、即时通信设备、智能手机产品等影响。他们个性鲜明、视野开阔，既理性务实，又独立包容。不同年龄段的青少年在情感和认知等方面的差异在减少，呈扁平化发展趋势，如中学生与大学生之间的行为方式区别不大。这就要求教师必须深入研究和了解当下学生的特点，并有的放矢地实施教学。

再次，要进一步强调思政课是大中小学德育一体化建设的重要核心内容。上海在推进大中小学德育一体化建设方面走在全国前列。从2005年起，上海就一直在开展大中小学德育一体化的相关工作。由于思政课是大中小学德育一体化的关键与核心部分，上海在推进大中小学德育一体化方面所做的工作为上海的大中小学思政课一体化建设提供了很多政策保障和平台支撑。2021年3月，习近平总书记在全国政协医药卫生界、教育界联组会上指出，“‘大思政课’，我们要善用之”。基于此，思政课教学应该借助现有的大中小学德育一体化建设基础，从小课堂走向大课堂，从学校走向社会，让整个社会都承担思想政治教育责任。但在社会和学校打通成为教育教学大时空的同时，思政课教学将面临新的大挑战，即共同的社会教育资源将对思政教育一体化能力提出新要求和新挑战。比如，面对同样的社会育人资源，不同学段的思政课教师该如何实施有效教学？

三、大中小学思政课一体化背景下教师能力提升机制构建的有益探索

第一，要以“育人意识、育德能力”的培养为核心提升教师能力。教师是推进思政课教学的主力军，在课堂教学中起主导作用。提升思政课教师传道、授业的育人自觉与育人能力，是落实立德树人根本任务的关键所在。只有真学真信，才能真懂真用马克思主义。要提升思政课教师的育人能力与育人意识：一是要坚定思政课教师的政治信仰，让有信仰的人讲信仰；二是要提升思政课教师的理论素养和专业技能，让思政课教师能把理论讲深讲透，用深刻的理论武装学生头脑，达到入脑入心的效果；三是要培养思政课教师的教学能力，让思政课教师具备吃透教材、活用教学资源、妙用教学方法的能力，从而使思政课教学有吸引力、感染力和说服力。

第二，要构建一体化背景下的教师能力提升研修机制。通过研修，让不同学段的教师互通有无、取长补短、协作共进。一是要加强一体化背景下的教材研究，并就如何把教材语言有效转换为教学语言开展深入研究。二是要加强一体化背景下的教法研究。中小学备课、说课的做法非常有益于提升教师的教学水平，可以让教师更加聚焦每堂课的核心目标、核心任务、核心问题。大学教师可以借鉴中小学教师的相关做法来提升教学技巧和教学效果。三是要加强一体化背景下的理论阐释研究。思政课教学不能只讲授知识点，要用理论来阐释内容；不能仅告知“是什么”，还要讲清楚“为什么”。四是要通过开展教学观摩提升一体化建设内在动力。教学观摩让大中小学甚至幼儿园的教师一起备课、同台上课，有利于促进不同学段的思政课教师互相学习促进，共同推进思政课一体化建设。

第三，要构建一体化要求的思政课教师源头培养机制。一方面，从源头用力，构建未来思政课教师培育体系。从思政专业大学生的本科教育阶段就开始做一体化教师能力的塑造和培养。在对思政专业大学生的培养过程中，不仅要有马克思主义理论和思政专业的学科素养教育，还要引入教育学科的培养要求，如增加儿童发展心理学、教育教法、教学规律等方面的知识。同时，在思政教育专业学生的培养过程中，要积极推进

“前移后拓”工程，要求思政教育专业学生提前一年进入中小学实习，了解未来职业发展需求，使思政教育专业人才培养更加契合中小学思政课（德育）教育教学需求。通过这种系统化的培养，让准思政课教师受到专业化训练，得到良好的一体化意识培养，这将有效解决思政课教师缺乏一体化素养的困境。另一方面，完善高校马克思主义学院与中小学合作交流、互动发展机制。通过互派教师、互设基地、教学研讨、集体备课以及学段交叉授课等方式，着力打通中小学思政课“德育”学科意识与大学思政课“马克思主义理论学科”学科意识之间的对话、对接与合作机制。

第四，要构建一体化要求的思政课教师能力提升支撑保障机制。一是要加强思政课教师一体化教学评价机制。各级各类学校、各地区要把思政课教师对推进大中小学思政课一体化建设的贡献，如对其他学段教学目标与教学内容的了解程度、参加大中小学思政课集体备课频次、参与大中小学思政课一体化教学观摩次数、参加大中小学思政课教师研修活动等纳入业务考核范围，并逐步提升思政教育一体化育人效果在绩效考核、职称晋升中的权重。二是要打破教育行政部门层级与部门之间壁垒，整体构建大中小学思政课一体化建设事务管理的统筹体制。以上海为例，明确上海市教委德育处、教研室、市师资培训中心、各高校马克思主义学院等不同机构，以及市区校不同层面在思政课一体化建设方面的各自功能，充分发挥各部门特点，促使各方力量各司其职，形成一盘棋，提升工作的整合性与协同性。三是要基于“大思政”核心理念，建立各类课程与思政课相互配合、校内外思政课程教育资源整合、各学段思政课建设与学科建设互相协作的协同机制。

（责任编辑：汪海清　谢娜）

如何以长周期科研促进教师专业发展①

顾泠沅
（上海市教育科学研究院　上海　200032）

［摘　要］面对“减轻学生负担”和“五育并举”等热点问题，作者认为是“老的话题遇到了新的时代”，教师的科研能力和理念转变是解决问题的关键。学校教育科研应当守正创新，作者以与吕型伟先生一起开展长周期科研的经历，阐述了“摸石头过河的实践路线”“用学习的力量避免盲目”“看懂现在就是面向未来”的基本理念。今天教师如何做科研？作者以于漪老师“三关注两反思”的实践经验为基础，建议教师利用视频分析等现代技术，开展“基于证据的课堂改进”，以此促进教师专业成长和学校教育质量的提升。

［关键词］长周期科研　三关注两反思　教师在教改行动中成长

一、老的话题遇到了新的时代

我认为现在是老的话题遇到了新的时代。这是我想说的第一句话。

最近我看报纸，相信大家都关注过两个问题，其实都是老问题。

一个问题是减轻学生学业负担。这是个敏感的话题，也是个老问题。20 世纪 60 年代，毛主席就号召要减轻学生的过度的负担。1964 年到现在，57 年了，这个老问题又引起了关注。两个月前，我出席了一个教改座谈会。我说这些年成绩很多，不可否认。但说问题的话，有一句话反映了一个比较普遍的情况：不做作业，父慈子孝；一做作业，鸡飞狗跳。我们搞了那么长时间的科研了，结果还是弄得鸡飞狗跳。这是什么原因？今天论坛的主题是“长周期科研”，长周期能不能解决这个问题？

另一个问题也是很早就讲过，就是五育并举。德智体美劳很早就提出来了，现在叫五育并举。我最近碰到一个特级教师，她从“老掉牙”的小学课本里面读到这么几句话：猫会抓鼠，狗会看门；不会劳动，猫狗不如。我说，这几句话有道理。孩子们四体不勤、不会劳动怎么行啊！我们搞的是人的教育啊！这是劳动教育的问题。现在从家庭到学校，分数竞争愈演愈烈，值不值得研究？是什么原因？有没有育人理念的问题？

当前，很多任务已经提出来了，中央出台了

作者简介：顾泠沅，博士，上海市教育科学研究院原副院长、研究员，主要从事数学教育、教师教育等理论与实践的研究。

① 本文是顾泠沅先生 2021 年 9 月 8 日在浦东杏坛的即席发言，由编者据录音整理而成。

很多刚性文件，里面有很多刚性的东西。是怎样，不准怎么样，有多少时间的限制，多少量的限制，文件里都有。写文件写到了这个程度，我想大概是蛮紧迫的。这样的关注抓住了要害，这些问题确实都还没有解决。几十年没有解决的问题，我们在新时代要有勇气去解决它们。

我最早做过教师进修学校的校长，主要搞教师教育。因为搞教师教育，我非常看重自己的这个岗位。我觉得学校要改革，教师是最重要的关键推动力。于漪老师说，教育质量说到底是教师的质量。7月下旬，我应邀回母校复旦大学参观交流，谈到中小学课程改革、创造力培养，大家干劲十足，涉及减轻负担，却有杯水车薪、救不了火的困惑，但所有人都同意教师重要的观点。

苏步青先生很早就说过，把教师的质量提高一点，这是教育改革的关键问题。今天这个论坛很重要，主题放在“科研与教师成长”的关系上，抓教师成长抓在点子上。而且现在正好是新的时代，就要着力解决这些问题。

现在，各位老师是不是还被叫老师？我听说最近的文件里面提出全员导师制，那么，各位都是导师了。每位老师都是导师，就是人生的引导者，是不是这个意思？叫“导师”，和单纯地叫“教师”，或者“我就是教书的”，这些叫法，内涵不一样了。这些问题，我们有没有课题去研究呢？

在这样的时代，我们是时候研究这种深入的问题了。长周期的课题，是深刻的、能够使我们的民族振兴的重要课题。机遇摆在我们面前，有志于研究的老师要好好干这个事情。

我问主持人王老师：“你觉得科研管用吗？”有的老师认为科研没用，在中小学分数一定要提起来；搞科研，远水救不了近火。这个看法不对，科研非常紧迫，我们要用科学的办法分析和解决问题，哪怕不是彻底解决，哪怕只是使这些问题有一个解决的起步思路。

二、学校改革和教育科研需要守正创新

现在，学校改革和教育科研，也有一个守正创新的问题。这是我想说的第二句话。

科研是要创新的，创新要创在做老师的本分上。有一次我们在一所师范大学，讨论基础教育如何建成高地。当时，著名教育家吕型伟先生在现场一言不发，到最后的时候说了一句话：“各位都说得很高很高，高大上。我是从低处走来的，高等教育追求科学技术高大上，是可以的；基础教育往下走，深不可测，要追求所有人的素质都有所提高。”

如果我们搞教师教育的，只是想着搞出C刊发表的文章，恐怕不够。我们还得坚持一条路，往下走，跟老师们一起走，哪怕解决一两个具体问题，只要是有意义的真问题，其价值不一定就比写出一篇C刊的文章低多少。我始终有这样的想法。

我们不要忘记那一代人，其中还有徐汇区的赵宪初先生。赵宪初先生跟我说过一句话：“《庄子》说，水之积也不厚，则其负大舟也无力。”意思是，如果水积得很浅，那么要走大船是没有指望的。然后他创造了一句话：“师之蕴也不足，则其育长才也无望。”我一直记到现在。教师的内蕴（现在也叫理念、信念、知识、技能、功力）不足的话，那么要培养高素质的人才，也是没有指望的。

这句话说得多好！所以，科研有用吗？我问你的这句话，我们应该理直气壮地说，科研当然是有用的！

我的导师刘佛年先生，曾任华东师范大学校长。他说，现在最需要的是既懂得中小学教育，又肯从事教育科学研究的善于思考的人，与中小学教师结合起来，寻找一些有效的途径。这是前辈教育家的重托。我们干了几十年，任务有没有完成？完成了一小步，并没有多少贡献。所以有人采访我时，我说我们大概是属于过渡的一代，这一代人大多70多岁了。令人欣慰的是，下一代的中青年才俊，已经形成了群体，他们的起点很高，任务更重。重要的是，搞好学校科研，一定要牢记前辈的重托。

此时此刻，我想说一说自己亲历的一个长

周期课题。我曾跟随吕型伟先生主持全国重点课题“面向未来的基础学校”，遍及全国13个省市，贯穿1986至2011年。耳提面命25年，有一件事让我无法忘怀，那是吕老到生命最后时日，我代表课题组去华东医院病房向他作“最后的汇报”。当我说到，我们揣摩他关于学校教育的研究方法：第一，改革目标明确，路径要靠大家创造的“摸石头过河的实践路线”。第二，石头在哪里？看来要学点教育史、改革史和国内外的多种经验，“用学习的力量避免盲目”。第三，最终怎么应对未来？这就是重要的第三条，“看懂现在就是面向未来”。我刚说完这三条，他突然从弥留中缓过神来说，这三句话的意思他都说过，它们是一个整体，不能割裂。他说完还想说，但浑身发抖，再也说不出话来。后来，医生叫我们立马离开，他到临终还惦记着面向未来的基础学校！

各位同行，如果我们冷静看待自己的基础教育，成就很大，问题也不少。我们有的时候很自信、很荣耀、很光鲜；有的时候，我们又很无奈，这个办法不好解决，那样做会遇到障碍。但是，所有这些东西，还得如同嚼甘蔗，哪怕是个困惑，哪怕是个焦虑，把它像嚼甘蔗一样，嚼出汁水，吐掉它的杂质。哪些是杂质，哪些是汁水？分清楚了，那就是看懂了。而看懂现在，才能真正地面向未来。

三、今天教师怎样做科研

这是我想说的第三句话。20世纪80年代的时候，我作为中青年教师向于漪老师请教：“您怎么成为名师的？”她的话极简单：“我上语文课，一篇课文三次备课，坚持三年一定成为好老师。”真话就这么简单。这是一辈子学做教师的过程，过程里有周期性的循环。几次循环，不断改进，就越来越好。

在此基础上，我们总结成教师在职研修的“三关注两反思”经验。第一个关注，是关注现有的自我经验，自己备课，不要东张西望、抄来抄去，独立钻研，自己写。第二个关注是向外学习，看别人的设计，比自己做得好的地方有没有，差别在哪里。找到差别，理念就变了。第三个关注是落实到自己的课堂，看所教的班级与好的设计有没有差距，还可做怎样的行为调整。做好调整，学生才真有收获。其实，三个关注之间就有理念更新与行为跟进这两个不可或缺的反思支架。“三关注两反思”建立在以课例为载体的合作平台上，这样的循环往复，彰显了我国教研特有的组织文化和行动路线，深刻体现出中国特色教师专业化和源自“知行合一”认识论血脉的精华。

“教师成为有研究能力的实践者”，一直是我们在培养优秀教师方面的期许和追求。大家可以回想一下，早些年，我们对骨干教师提出课堂现场观察的要求，不放过每一堂课，即时即景，观察其中的利弊得失，思索改进的各种方法，从中锻炼教师的教学敏觉力，很有成效。但这种观察有一定的局限性，常受信息不全的限制，有时时间一拖很容易遗忘。

到了20世纪90年代末，引入信息技术，先是录像带，后来是视频光盘，技术带来了研究的突破。多角度的全息记录，可以提取大量数据以供分析；回放、定格与“显微”，可以考察一瞬即逝的细微行为（包括语言、动作与表情）。更为重要的是，教师“既是演员又是观众”的角色转变，这最要害的一步，成就大批好教师有了便捷的途径，大家不妨试一试。那时候，我刚从青浦调到上海市教育科学研究院，普陀区挑选了40位年轻教师要我指导。当时，我说院里工作忙得很，经常来不行，结果就用了这个办法，不断把自己和几个人的课录下来，自己看，几个人讨论，有些情境忘记了，重新再放一遍。一两个月集中一次，哪些地方自己的教学不行，哪些地方有了转变，哪些地方还需改进，大家一起说。这个指导历时两年多时间。现在他们有的成为校长，有的成为教研员，有的成为特级教师。其中有些人已近60岁了。回忆当年，大家都觉得这段经历太重要了。这样做培训，不需要很多的讲座。比如有位教师，某一句话重复太多，老是改不了；自己看录像，发现“我怎么会这样，讲得这么多”，马上改。

如今，不少教师正在成为基于证据的“循环改进者”。到了这一步，就是上海教研、科研中相当前卫的状态了。课堂教学也好，现在的跨学科、项目学习、教师成为导师等也罢，你就用录像机录下来，看视频，你是教师还是导师，一看就清楚了。其实视频分析大大扩展了证据的多样性，这主要是因为数据统计的资源大大丰富，事例分析的素材更为精致，教研过程中，有人可以据此做经验性的解释，理论工作者可以就此做理性的演绎。

以上几个方面，要能够形成多角互证。尤其是教育科研的论文，最好是多角互证。说老实话，只看单一数据的研究报告，我总是半信半疑，因为数据也可以生成假象，数据也是有倾向的。既有数据，又有案例的支撑；既和经验相符合，又在理论上讲得通；或者，至少要有其中几个方面的东西支撑起来的科研结论，才能站得住。基于多种证据互相印证的循环改进，使“教师成为有研究能力的实践者”走上了一个全新的台阶。

How to Promote Teachers’ Professional Development with Long-Term Scientific Research

GU Lingyuan

(Shanghai Academy of Educational Sciences, Shanghai 200032, China)

Abstract: Facing the current hot issues in education, we find lightening the burden on students and promoting five education simultaneously are old topics that have always existed in the education field, and the teachers’ scientific research ability and the transformation of ideas are the key to solving the problems. School education and scientific research should be upright and innovative. Based on the experience of carrying out long-term scientific research with Mr. Lv Xingwei, the paper explained the basic concepts of “exploring to cross the river by feeling the stones”, “using the power of learning to avoid blindness”, and “understanding the present is facing the future”. How to do scientific research? Based on Yu Yi’ s practical experience of “Three Concerns and Two Reflections”, it is recommended that teachers should carry out “evidence-based classroom improvement” by using modern technologies such as video analysis to promote their professional growth and improve the quality of school education.

Key words: Long-Term Scientific Research, Three Concerns and Two Reflections, Teachers Develop in the Action of Teaching Reform

（责任编辑：汪海清　黄得昊）

指向教师深度学习的交互式培训研究

陈　霞　万立荣　张诗雅
（上海市师资培训中心　上海　200233）

[摘　要] 教师深度学习是教师学习的理想状态，交互式教师培训是实现教师深度学习的重要途径之一。指向教师深度学习的交互式培训，起点是驱动性问题，目标指向实践改变与理念重构，评估以真实性任务解决为主，方式注重双向深度对话，培训者发挥支持与引导作用。指向教师深度学习的交互式培训在研发模式上采用逆向设计，存在习得－应用型、探索－发现型、体验－认同型三种基本操作模式。

[关键词] 教师深度学习　交互式培训　教师培训

教师培训的本质是教师学习。教师学习的理想状态是实现深度学习。然而，目前学界对于深度学习的讨论较少关注教师深度学习这一层面。育人者先自育，教师无论是作为适应时代特征提出的终身学习者与研究者，还是作为带领学生实现深度学习与健康成长的引导者，都应是深度学习的体认者、实践者与推动者。教师的深度学习有何特征？教师培训如何体现与实现教师的深度学习？对于这些问题，上海市师资培训中心研究团队在近十年理论研究与实践探索的基础上，提出指向教师深度学习的交互式培训概念，澄清其理论基础、基本内涵与特征、研发模式与操作模式，在实践中创生了多样化的培训样式，推动了培训理念与方式、教师课堂教学方式的变革。

一、指向教师深度学习的交互式培训的提出背景

指向教师深度学习的交互式培训首先是为了解决教师培训方式不足的问题，以专家讲、学员听为主的单向灌输式培训既无法支持教师的有效学习，也不能为教师教学方式的革新提供示范；其次是为了解决教师培训观念滞后的问题，传统观念中的教师培训被单纯理解为习得既定的知识；最后是为了弥补教师深度学习研究与实践的不足，毕竟学生深度学习与核心素养的落实需要教师深度学习与素养提升的保障。

基金项目：本文是 2021 年度上海市教育科学研究一般项目“核心素养导向下教师实践行为改进路径与支持策略研究”（项目编号：C2021068）的成果之一。

作者简介：陈霞，上海市师资培训中心副主任、研究员，主要从事教师教育理论与实践研究。
万立荣，上海市师资培训中心基教与学前部主任，高级教师，主要从事教师学习研究。
张诗雅，上海市师资培训中心发展规划部副研究员，主要从事教师深度学习研究。

（一）教师培训方式在支持教师学习与教学方式革新上乏力

改革开放 40 多年来，我国中小学教师培训日益从以知识为本转向以素养为重、从外塑培训转向自主发展、从单向传递走向深度对话等。[1] 然而，从当前各级各类有组织、有计划的教师培训实践来看，在培训方式上依然存在以专家讲、学员听为主的单向灌输式培训居多，理论学习与实践应用缺乏有机整合等问题，这在一定程度上导致教师学习动机不足、学习效果有限，造成培训资源与教师时间精力的浪费。

此外，自 21 世纪初以来，我国基础教育课堂教学改革在新的培养目标的指导下一直倡导基于情境、问题导向的自主、探究、合作学习方式。[2] 以专家讲、学员听为主的单向灌输式培训与当前中小学课堂教学方式的改革相矛盾，如果教师在自身学习中缺乏关于自主、探究、合作学习方式的体认，很难想象他们能在自己的教育教学实践中开展基于情境、问题导向的互动式、启发式、探究式、体验式教学，引领学生开展自主、探究、合作学习。因此，教师培训方式革新势在必行，新的培训方式应该帮助教师在对先进学习方式的体认中提升自身学习效果，同时为其教学方式的变革提供示范，最终实现学生的学习方式革新与健康发展[3]。

（二）教师培训理论滞后于新时期教师培训实践的发展

教师培训理论是一系列关于什么是培训（培训的本质）、为何培训（培训的价值取向）、培训什么（培训内容）、如何培训（培训方式）、谁来培训（培训者）等基本问题的理论性假设。在以专家讲、学员听为主的单向灌输式培训背后，其主要的指导理论是理智取向的教师专业发展理论，即认为教师职业的专业性有赖于一套完备的知识体系，只要掌握和应用这些知识就可以胜任教师工作，因此教师在职培训的任务就是向专家学习这些知识，然后在实践中加以应用。[4] 然而，随着知识论、学习论的发展以及对教师职业专业性、教师知识等研究的深入，上述观念逐渐被实践－反思取向的教师专业发展理论及生态取向的教师专业发展理论所修正，出现了学习、研究、实践与培训相互融合的局面。

此外，计算机、互联网等技术的发展，不仅带来了教学活动中信息量的成倍增长，也带来了思维方式、教学方法、学习方法，以及教与学关系的变革。例如，利用互联网的丰富信息进行探究学习，在网络空间中构建虚拟的学习共同体，用教学视频资源或其他软件工具进行可视化学习，或在虚拟情境中进行仿真实验。在线协作学习、混合学习、移动学习、泛在学习等成为可能。教师的专业素质内涵、学习环境与学习方式也急剧变化。各种教师培训创新实践不断涌现，教师培训的内涵已由习得现成知识拓展到探索发现新知识，由线下学习拓展到在线学习环境下的协同知识建构学习、融合式学习等。但当下一些起支配作用的培训观念并未与时俱进，而是“卡”在过去以传授既定知识为主、被动接受学习为主上，“卡”在理论知识与实践应用相互割裂上……新时期的教师培训迫切需要新理论与新观念的指导。

（三）学生深度学习的开展必然指向教师的深度学习

教师是从事立德树人工作、引领学生健康成长的人。在面向学习型社会的 21 世纪，教学活动的重心由向学生传授固有的知识转向支持学生充分利用工具从信息海洋中主动获取信息、达成理解、建构个人化的知识体系并能有效地迁移应用以解决现实环境中的真实问题，即学习者需要具备在真实社会环境和复杂技术条件下的深度学习能力。关于深度学习，1976 年提出这一概念的美国学者弗伦斯·马顿（Ference Marton）和罗杰·萨尔乔（Roger Saljo）把它界定为一种基于理解与迁移的学习方式，是指学习者能够批判性地学习新的思想和事实，并将它们融入原有的认知结构，能够在众多思想间进行联系，并将已有的知识迁移到新的情境中，做出决策和解决问题。[5]

综合国内外学者的认识，基本一致的观点

是：深度学习是一种主动的、批判性的学习方式，也是实现有意义学习的有效方式。在深度学习中，学习者进行理解性的学习、批判性的高阶思维、主动的知识建构、有效的知识迁移及真实问题的解决。与深度学习相对应的是浅层学习，指向一种被动的、机械式的学习方式，即把信息作为孤立的、不相关的事实来被动接受、简单重复和机械记忆。[6] 教师作为帮助与带领学生开展深度学习的人，自己首先要具备深度学习能力，即主动获取信息、达成理解、建构个人化的知识体系并能有效地迁移应用以解决教育教学中的真实问题，这样才能胜任智能时代教育教学变革的新要求，为学生的深度学习与健康发展提供有力的支持。然而，当前学界对于深度学习的讨论较少关注教师深度学习这一层面，这不仅会影响教师自身的学习质量，还会影响学生深度学习的质量。

基于以上主要背景，上海市师资培训中心研究团队提出了指向教师深度学习的交互式培训概念与实施操作模式。

二、指向教师深度学习的交互式培训的理论基础

（一）深度学习理论

深度学习理论不是一套成熟的思想体系，而是一个发展着的、观点不一的在日益复杂的环境中学习的理性与经验解释。目前国内外对于深度学习的研究多聚焦于课堂以及在信息技术环境支持下的学生学习。[7] 有研究者将深度学习作为达成儿童核心素养的过程和途径。例如，在钟启泉教授看来，深度学习是培育儿童素质与能力所必需的一种学习方式，优质的深度学习是主体性、对话性与协同性的统一。深度学习“深”在学习者自身能够展开知识的“结构化”与“链接”。支撑深度学习的学习理论立足于“知识是社会建构的”社会建构主义的观点、使知识建构得以持续展开的“建设性交互作用”观，以及知识建构形成的定型性熟练者与适应性熟练者之分。培育核心素养就是要培养适应性熟练者，评价是否形成了真正的学习重在考察是否能够灵活地运用所学知识。[8]

深度学习的起点从问题而非教科书开始。习得知识固然重要，但更重要的是能够直面周边环境产生的种种问题，和不同的他者一起协作，合力探求最优的解决方案。基于核心素养的深度学习把培育儿童的问题发现力与问题解决力置于重要的地位。深度学习的两根支柱是对话指导与反思指导。对话指导即建立对话规则，搭建对话环境，促进学习者同自己的对话、同他者的对话、同客体的对话，以及这三种对话之间的交互作用。需要强调的是只有反复地进行融入思考与见解的同自己的对话与同客体的对话，才能走向深度学习。反思指导强调在教学活动结束时留出反思空间，让每一个学习者把赋予自身学习过程以意义与价值的反思表达出来，教师把优秀的反思作为一个整体串联起来进行思考与分享。深度学习中教师的作用是以儿童的知识差异为背景设计共同探究活动，借助对话与反思、知识的建构与情意的陶冶，培养每一个学习者的核心素养。[9]

（二）成人及教师学习特点

教师作为成人，具有成人学习的一般特点，如倾向于独立自主地学习、拥有丰富的经验、为满足承担的具体社会职责的要求而学习、以提高能力为目的、以操作为中心、具有实用主义倾向等。[10] 对有关教师学习特征的研究文献进行梳理分析后发现：第一，教师有效的学习是以自身需求和特点为出发点的自我导向学习；第二，教师有效的学习是以案例为支撑的情境学习；第三，教师有效的学习是以问题为驱动的行动学习；第四，教师有效的学习是以群体为基础的合作学习；第五，教师有效的学习是以理论建构为追求的研究学习；第六，教师有效的学习是在实践经验之上的反思学习。[11] 教师学习的特点要求教师培训必须以参训教师为主体，把学习的主动权交给参训教师，激发、鼓励与培养参训教师学习的责任感与自觉性是培训者的首要职责之

一；根据参训教师的实际需求设计与实施培训，培训者的职责就是帮助参训教师不断澄清需求，提供支持性的学习材料与环境，组织适切的学习活动，根据参训教师的不同要求安排学习步骤；把参训教师视为平等的伙伴与宝贵的培训资源，遵循能者为师的原则，以问题解决为中心，发挥团队合力，解决问题、提高能力。

（三）以实践－反思取向为主的教师专业发展理论

当前的教师专业发展理论中存在着三种取向：理智取向、实践－反思取向与生态取向。指向教师深度学习的交互式培训以实践－反思取向的教师专业发展理论为主，同时汲取理智取向与生态取向的有益成分。

实践－反思取向的教师专业发展理论认为，教师职业的专业性不仅体现于拥有一套系统的科学知识，还体现于教师在复杂教育情境中的专业性选择与判断，即教师实践性知识。教师不仅仅是技术熟练者，更是反思性实践者。教师专业发展的任务不再是网罗式地掌握所有教师认为有效的理论知识和技术、技能，而是以教师在实践情境中遇到的具体问题的诊断与解决为轴心，在实践反思、相互交流中，帮助教师做出选择和判断，以便形成专业性的见识。[12]教师培训要从“有效传递模式”走向“以真实问题解决为中心的合作建构模式”。这也符合生态取向的教师专业发展理论注重合作的教学文化与教师文化的要求。国际教师教育学倡导教师学习的三大定律——越是扎根教师的内在需求越是有效，越是扎根教师的鲜活经验越是有效，越是扎根教师的实践反思越是有效。教师培训应当有助于教师发现自身的学习需求，有助于教师发现有效的经验，有助于教师反思自身的经验。以课例研究为载体的临床教学研究是教师培训的主要方式。[13]

深度学习与参训教师学习特点、以实践－反思取向为主的教师专业发展理论结合，演绎出与儿童深度学习既有共性又有差异性的教师深度学习的内涵与特征。

三、指向教师深度学习的交互式培训的内涵与特征

教师深度学习是教师学习的理想状态，交互式教师培训是实现教师深度学习的重要途径之一，是在深度学习思想指导下开展的有计划、有组织、高效的教师培训活动。

（一）教师深度学习的内涵与特征

有学者把教师深度学习视为教师发展、教师成长的同义词，指经过一定专业培养的教师从事教育教学职业之后，积极发挥主观能动性，有效利用职业生活中的各种正式和非正式的学习机会，不断提高自身的专业知识、专业能力、专业态度、专业思维和专业价值，不断学习做教师的终身成长过程。[14]这种理解强调的是教师学习的主动性、终身性以及目的性等。本文把教师深度学习视为教师学习的一种理想状态，指教师在其个人的教学现场、学校教研组、校本研修、外部机构组织的研修等各种正式与非正式的专业发展活动中，发挥学习主体作用，主动提出、分析并解决真实教育情境中的问题，达成知识的社会意义建构、迁移应用与知识创造，从而更好地理解与帮助学生学习与发展的活动。

教师深度学习与学生深度学习的共同点在于均强调学习者的主体性，学习者进行理解性的学习、批判性的高阶思维、主动的知识建构、有效的知识迁移及真实问题的解决。但教师身份的独特性以及教师的成人特性，使教师深度学习与青少年深度学习相比，彰显三个突出的特点。

第一，教师深度学习以教育实践问题的诊断与解决为轴心。对任何深度学习来说，学习的最高境界是成为适应性熟练者，能够灵活解决不同情境中的问题。真实情境中的问题是所有深度学习的起点，培养学习者的问题发现力与问题解决力至关重要。与青少年学生相比，成人教师往往因为教育教学工作的需要、解决教育教学实践中遇到的问题的需要而产生学习需求，表现出以

实用、操作为中心的学习倾向。以问题解决为中心不仅是深度学习的特征，更是教师学习的典型特征。从这个意义上说，深度学习在教师在职培训上有着先天优势。如此一来，培养教师发现自身教育教学中有价值的问题以及解决这些问题的能力至关重要。

第二，教师深度学习的主要方式是反思性实践。教师的社会身份首先是承担立德树人使命的教育实践者与行动者，其次是学习者与研究者，这与青少年学生学习者的身份不同。教师学习主要是基于自身的教育教学实践开展反思与迭代改进，以研究的方式反观自己的教育现场和学习行动，提出一定的认识或实践理论，并将它们反过来运用于教学与学习活动，以此形成迭代循环的“教育实践—反思批判—改进创新—再实践—再反思—再改进”的专业发展路径。在这一过程中，教师对自我的认知与自我的掌控能力得以发展。这不仅体现为教师对自身的教学与学习过程有更深刻透彻的认识和理解，还体现为其对自身存在的教育境脉有更真实真切的感受，以及对反身性思维、行为及价值判断的掌控与领导。[15]

第三，教师深度学习指向实践智慧的生成。教师的工作是涵盖教学设计、上课、辅导等教学活动在内的一连串决策作业，也就是教师专业选择与判断的过程。教师职业的专业性不仅体现于对特定教育科学知识的合理应用，更体现于在复杂的教育情境中处置未知问题的专业性选择和判断，即实践智慧。教师的实践智慧是教师人格、价值理念、知识经验、情境认知等的综合体现，是以特定教师、特定教室、特定教材、特定学生为对象所形成的知识，是作为案例知识而积累、传承的。因此，案例研究对于阐明“实践性知识”是有效的，揭示其形成的临床研究十分必要。[16]

（二）指向教师深度学习的交互式培训的内涵与特征

指向教师深度学习的交互式培训是教师培训的理想状态，本文中指在正式的、有组织的教师培训活动中，以参训教师为主体，在培训者的引导与同伴的共同参与下，遵循人人平等、能者为师的原则，通过交流分享、质疑批判、协作共创等双向互动过程，驱动教师提出、阐释和解决问题的一种模式，旨在达成教师的深度学习。该定义至少包括以下五点基本内涵：（1）参训教师的主体性；（2）互动主体的平等性；（3）互动过程的双向交互性；（4）互动以问题解决为中心；（5）学习结果的创造性。具体来说，这些特征具有判据的性质，能够评判出一个教师培训项目或活动是否为指向教师深度学习的交互式培训。

第一，培训由问题驱动。驱动性问题提供了面向学习目标进行培训实践的境脉，给予整个培训活动以连续性与一贯性。在交互式教师培训中，既可由培训者选择与设计驱动性问题，也可由参训教师选择与提出驱动性问题。然后围绕驱动性问题，引导参训教师在复杂的、有意义的问题情境中，通过培训者与参训教师、参训教师与参训教师间的合作，在已有知识经验的基础上，经历体验—理解—计划—行动—改进的学习过程，在提出问题、分析问题、探究解决真实性问题的答案中，掌握相关的知识，形成问题解决能力，发展自主学习能力。

第二，培训目标指向实践改变与理念重构。实践改变体现在参训教师能够理解并运用获取的知识及理念解决工作实际中的问题，以团队学习或小组合作为基础不断反思与开展知识的实践应用。也就是说，教师深度学习是要将知识与体悟应用于实践并改变和优化实践的。教师在应用、改变与优化实践的过程中，不断重构个体已有的知识经验、观念与习惯，实现经验的改造与信念的重构；同时，在持续的实践与反思中，逐渐形成独有的实践智慧，并有可能创造出新的公共知识。

第三，培训评估以真实性任务解决为基础。也就是根据培训目标，设计相应的真实性评价任务，以考察参训教师解决真实问题的真实素养。评估任务主要有方案设计类、实践操作类、经验萃取类等。方案设计类任务要求学员运用培训所学完成指向实际问题解决的行动方案；实践操作类任务要求学员将培训所学应用在实际工作中，解决实际问题；经验萃取类任务要求学员把应用新知识后积淀的经验智慧进行总结提炼，形成新的公共知识。

第四，培训方式注重双向深度对话。首先，对话是双向的、动态的、生成的。交互式教师培训把培训教学过程视为一个培训者不断了解学习者的学习状况并做出动态回应的过程。对话是双向的，借助信息技术媒介、话语交流或肢体语言，对话双方进行动态的沟通与反馈，达成相互理解，达成共识。在互动对话中，有可能产生新的问题、新的学习目标、新的主题、新的对话等。其次，对话嵌在问题解决线索的各环节。对话有预设结构，更有生成性特点，但都不是随意为之。最后，对话是思想激荡的、有意义的、指向目标的。对话主体在对话中全身心投入，通过交流分享、批判质疑、协同共创等多种对话方式，直至问题解决与目标达成。从知识建构的层次上来看，双向对话可分为五个层次：信息分享、深化认识、意义协商、检验修改、创造应用。[17] 双向深度对话为了达成实践改变、知识创造等目标，会涉及多种互动层次。

第五，培训者发挥支持与引导作用。参训教师具有学习的自主性，全身心积极投入，培训者的作用是设计培训活动、创设培训环境、提出问题、给予及时的反馈与指导、营造与调控学习氛围、激发学习动机等。没有培训者，参训教师依然会有学习，只是同样时间内学习的宽度与深度会大打折扣。培训者的价值在于支持与引导参训教师学得愉快、彻底，发展参训教师的质疑、批判、问题解决能力，在服务参训教师成长中实现自身人生价值。[18]

具体而言，培训者一般会从五个方面入手支持与引导参训教师的学习：一是设置不同层次的培训目标供参训教师自主选择与定向，尊重其学习主体地位，把学习的主动权交给参训教师；二是根据不同层次的目标，设计相应的评价任务，以考察参训教师解决真实问题的真实素养；三是把对参训教师学习需求的了解贯穿于课前、课中与课后，准确把握参训教师的学习需求与学习现状，设计并适时调整培训内容与活动的次序、详略、方式方法等；四是把参训教师作为平等的伙伴，把他们的已有经验作为资源，给予他们充分交流、分享与展示的机会；五是在培训活动中注重参训教师的参与、真实体验、亲身实践、个体主动建构、团队协作问题解决等形式，促进学习的真正发生。

四、指向教师深度学习的交互式培训的研发模式

指向教师深度学习的交互式培训聚焦培训目标，采用逆向设计。无论是短周期教师培训项目还是长周期教师培训项目，无论是讲授式培训还是引导式培训，指向教师深度学习的交互式培训在研发流程上一般包括七个步骤：（1）需求调研，确定培训主题；（2）明确培训对象，确定培训目标；（3）依据目标，设计评价任务；（4）分解评价任务，构建内容框架；（5）设计学习单元，细化学习流程；（6）完善内容素材，设计交互活动；（7）整理与制作资源，做好实施准备。

第一步，需求调研，确定培训主题。设定怎样的主题决定了教师学习是否能够实现真实性境脉的学习，即是否能够产生本真的、有意义的学习。培训主题不是随意为之的，而是经过科学严谨的需求分析确定的有价值的课题，能导引教师的问题解决与教育实践能力的提升。例如当下，核心素养培育下的单元教学设计、项目化学习设计等都是有价值的培训主题。

第二步，明确培训对象，确定培训目标。培训对象必须明确而精准，要遴选出那些确实对具体培训主题有强烈内在需求的教师作为参训对象。以参训教师为主体，设定预期学习目标。指向深度学习的交互式培训的预期学习目标包括理解、应用、创造等思维水平，但其核心特征是能够运用种种知识、理解与创造的新观念解决实际问题的能力，换言之，即做事的品格与能力，也是素养的应有之义。

第三步，依据目标，设计评价任务。在设定目标之后，培训者紧接着要思考的一个问题是：如何检测与评估培训目标的达成度呢？由于指向教师深度学习的交互式培训目标强调教师解决实际问题的能力，评价任务要尽可能客观地评估出教师是否拥有这些能力，这样的评价任务通常是真实表现性的。从评价任务的类型上来看，可以分为方案设计类任务、实践操作类任务、经验萃取类任务等。

第四步，分解评价任务，构建内容框架。通过“若要……那么需……”的思考方式，对参训教师完成评价任务、实现培训目标所需的知识、技能、态度等进行分解。例如，参训教师若要能够就具体单元开展核心素养培育下的单元教学设计，那么他们需要掌握核心素养培育下单元教学设计的流程与要点，并且在培训者的指导下进行多次练习与反思，还需要拥有具体单元的知识等；若要掌握核心素养培育下单元教学设计的流程与要点，那么他们需要知道什么是单元、什么是单元教学设计，以及核心素养培育下的单元教学设计流程与要点、难点与误区……依次分解下去，直至分解到不能再分解的最小单位为止。然后，按照一定逻辑，把分解出的知识单位进行结构化，便形成了培训内容框架。

第五步，设计学习单元，细化学习流程。内容框架更多地聚焦于学习内容，为了促进参训教师的深度学习，需要从参训教师问题解决能力与知识创造形成的逻辑设计学习单元。借鉴马扎诺提出的学习单元设计的三种模型——聚焦知识的模型、聚焦论点的模型与聚焦学生探究的模型[19]，结合教师培训的实际，本文提出指向教师深度学习的交互式培训学习单元设计的三种模式：习得－应用型、探索－发现型与体验－认同型（在随后的操作模式部分会具体展开）。

通过这样的学习单元设计，就可以将内容与问题解决能力的培养有机地统一起来。每个学习单元需满足六个条件，即情境、协同、支架、任务、展示（外化）、反思，这些条件有助于促进学习者更好地实现真正的学习。[20] 在指向教师深度学习的交互式学习单元中，每个单元的细化学习流程基本上可概括为：问题情境—思考研讨—明确任务—提供支架—小组研讨—交流展示—反思改进。

第六步，完善内容素材，设计交互活动。根据学习单元及细化流程，搜集、开发与整理相应的素材，完成交互活动的设计。交互活动依据其指向的目的可以分为信息分享、深化认识、意义协商、检验修改与创造应用。具体交互的方式包括问与答、测验、同伴研讨、小组研讨、角色扮演、操作指导、交流展示等。依据交互主体与对象的不同，可以分为师生交互、生生交互、学员与学习资源的交互、学员与自我交互等。[21] 不管是何种交互，指向教师深度学习的交互式培训提倡行为不仅从发出者指向接受者，还要从接受者返回到发出者，两者的行为双向依赖，互为主动行为和接受行为。

第七步，整理与制作资源，做好实施准备。将培训内容与活动等制作成课程方案、讲义或PPT，并为培训的启动与实施做好各项准备。

至此，一个指向教师深度学习的交互式培训活动或项目就设计完成了。

五、指向教师深度学习的交互式培训的操作模式

操作模式关注实施操作流程，是简约的、可操作的、可复制的。与指向教师深度学习的交互式培训学习单元设计的三种模式相对应，指向教师深度学习的交互式培训操作模式大致可以分为三类：习得－应用型、探索－发现型与体验－认同型。

（一）习得－应用型操作模式

在习得－应用型操作模式中，交互式培训的目的是通过习得某些已证明有效的既定知识来解决具体问题。虽然在这种模式中也有知识的生成与创造，但学习既定知识的比重占到总培训时间的 50% 以上，参训教师主要通过习得与应用既定的新知识来解决具体问题。习得－应

用型操作模式的基本流程是：问题提出—反思研讨—学习新知—应用新知—反思改进。当然，这种模式的变式也可以为：问题提出—学习新知—反思研讨—应用新知—反思改进。习得－应用型操作模式的流程，以及培训者活动与学习者活动要点如表1所示。

（二）探索－发现型操作模式

在探索－发现型操作模式中，交互式培训的目的是探索未知问题的答案。这种模式在教育改革急速变化的当下变得日益普遍。对教师的教育教学实践来说，很少有放之四海而皆准的经验，只有视情境而变的建议与启示。教育实践的复杂性、多样性、情境性等特点客观上助推了探索－发现型操作模式的产生与发展。探索－发现型操作模式的基本流程是：问题提出—共创方案—方案实施—反思改进—经验萃取。探索－发现型操作模式的流程，以及培训者活动与学习者活动要点如表2所示。

（三）体验－认同型操作模式

在体验－认同型操作模式中，交互式培训的目的是通过价值问题的辩论与澄清、体验与激励，实现价值认同与价值重塑。体验－认同型操作模式的基本流程是：问题提出—价值辩论—价值理解—价值践行—积极体验—价值认同与重塑。体验－认同型操作模式的流程，以及培训者活动与学习者活动要点如表3所示。

表1 习得－应用型操作模式的实施流程及要点

实施流程	培训者活动要点	学员活动要点
问题提出	呈现问题情境，并提出问题，引发学员强烈的共鸣与思考的兴趣；与培训目标、内容以及学员实践现状相联系，具有驱动学习的功能	全身心投入，感知问题，并积极思考
反思研讨	组织学员以同伴或小组为单位就问题的表现、原因与对策展开讨论；通过观察学员交流研讨情况，对学员的已有知识经验进行现场判断，及时反思与调整接下来的教学安排；及时提出引发认知冲突的问题，从而引出新知	基于个人已有知识经验，积极参加同伴或小组研讨，表达自己的观点并吸收别人的观点，不断调整自己的看法；汇报交流讨论结果
学习新知	讲解新知识，并通过穿插案例、练习、提问等了解学员学习情况，确保学员准确理解新知识	积极将已有知识经验与新知识进行链接，建构出新的意义，认知结构发生变化
应用新知	提供应用新知的近迁移情境与任务，促进学员熟练应用新知；布置学员应用新知解决教育教学实践问题的任务，并提出任务完成要求，指导学员通过实际行动去解决问题	积极完成近迁移任务与解决实际问题的任务，在完成任务的过程中加强学习与反思
反思改进	创设反思交流的平台，要求学员以个人或小组为单位进行实践反思交流，并与其他同伴给予反馈指导	个人或小组对问题解决实践进行反思，并向全体学员进行汇报交流；倾听培训者与同伴的指导，吸收有益成分，改进优化自己的问题解决策略与方法

表2 探索－发现型操作模式的实施流程及要点

实施流程	培训者活动要点	学员活动要点
问题提出	创设问题情境，提出或引发学员提出并确定令其困惑的难以借助既有知识解决的有价值的难点、痛点与困惑点	反思已有知识经验，提出个人的难点、痛点与困惑点；与同伴进行交流研讨，筛选出小组成员共同感兴趣的有价值的课题
共创方案	创设小组深入研讨的环境，明确小组的探究任务，提供必要的问题解决过程与方法的指导	小组开展有结构的研讨，分析问题产生原因，制订问题解决的方案，并寻求培训者的指导与帮助
方案实施	明确研究任务、进度与要求；跟踪学员小组进展，采取参与式观察，提供现场指导或引导；提供必要的协调与资源支持	小组按照共创方案，分工负责，按计划开展研究；研究的形式多种多样，既有以课例为载体的研究，也有以项目或课题为载体的研究等
反思改进	为学员小组搭建交流反思的平台；鼓励其他学员与培训者一道为小组的研究与实践行动提供反馈指导；鼓励学员小组在实践反思的基础上进行多轮反思改进	在实践反思的基础上，与组员或其他小组交流研究与实践的情况；在反思的基础上，不断优化研究与实践方案，进行再实践、再反思、再实践
经验萃取	明确经验萃取任务与要求，鼓励学员小组总结提炼问题解决经验并进行概念化，形成公开发表的成果	深度总结探索－发现的经验，并进行概念化提炼；形成公开发表的成果；在应用成果的同时，不断发现与解决新的问题

六、指向教师深度学习的交互式培训的实践与反思

（一）实践样式

上海市师资培训中心团队近十年来积极开展交互式教师培训的理论与实践探索，依托由上海市师资培训中心主办的重要教师培训项目，探索了“以课例为载体的教研修一体化实践样式”“以项目研究为载体的研修实践样式”“任务驱动的三线并进研修实践样式”“项目驱动的研修一体化实践样式”“目标分层、自主定向的研修实践样式”等。

自2005年起，上海市师资培训中心在举办的市区校合作研修项目中对“以课例为载体的教研修一体化实践样式”进行了探索，其本质属于一种探索－发现型交互式培训模式。上海市师资培训中心与区、校形成的研修共同体，根据学校具体学科教研组在课程教学中遇到的难点问题确定研修主题，依托具体课例开展临床教学合作研究，探索解决问题的对策与方法，把教学、学习、研究与培训有机结合起来。

“以项目研究为载体的研修实践样式”是上海市师资培训中心比较常见的一种培训实践，其本质也属于探索－发现型交互式培训模式。研修共同体围绕一个研究项目开展学习与研究，每个成员都承担一定的项目研究任务，在实施项目的过程中展开学习、实践与反思，研修共同体定期开展交流、研讨与专家指导，在合作研究中探寻有效的问题解决对策。

“任务驱动的三线并进研修实践样式”的首次尝试是在上海市师资培训中心2018年举办的“市级教师培训课程建设指导者研修班”，其本质属于习得－应用型交互式研修模式。每个学员在课程开发与实施任务的驱动下，在培训者与同伴的支持下，一边采用交互式培训学习流程学习新知识（学习线），一边应用新知识制作课程（应用线），一边实施与反思优化自己制作的课程（实践线）。在任务的驱动下，学习线、应用线与

表3　体验－认同型操作模式的实施流程及要点

实施流程	培训者活动要点	学员活动要点
问题提出	创设问题情境，提出或引发学员提出并确定令其困惑的价值问题	反思已有知识经验，提出个人感到困惑的价值问题；与同伴交流讨论，共同筛选出小组成员感兴趣的价值问题
价值辩论	创建同伴或小组争论、辩论的环境，提供必要的学习材料；组织学员以同伴或小组为单位就价值问题的性质、产生原因、破解对策进行辩论；对学员的已有认知与理解进行现场判断，及时给予引导与指导	基于个人已有知识经验及提供的学习材料，积极参加同伴或小组的争论或辩论，表达自己的观点并吸收他人的观点，不断调整自己的已知；汇报交流辩论结果，根据培训者及同伴的指导不断澄清自己的认识
价值理解	提供大量的事实数据与正反例证，引导学员不断澄清认识，建构个人的价值理解	在自我与学习资源之间积极进行关联与对话，建构个人新的价值理解
价值践行	明确价值践行的任务与要求，引导学员把价值理解体现在价值行动中；跟踪学员或小组动态，及时给予指导	认真完成任务，将价值理解落实在价值行动中；根据培训者等的指导与反馈，不断调整自己的行为
积极体验	与学员分管领导、周边重要的他人进行沟通，为学员价值践行营造支持、鼓励、安全、积极的氛围；不断为学员提供正向激励	努力践行新的价值，观察与收集积极的证据，获得积极的情感体验；加深对新价值的认同
价值认同与重塑	明确要求，要学员持之以恒地进行价值修炼；搭建反思交流的平台，鼓励学员通过反思性实践，不断寻得价值理念与行动的一致性，最终实现新理念与行动的习惯化	持之以恒地进行价值修炼，基于反思与交流不断寻找自身理念与行为的差距，不断改进与完善；加深价值认同，实现价值重塑

实践线并行推进，实现参训教师学习、应用与实践反思的统一。

“项目驱动的研修一体化实践样式”也是上海市师资培训中心比较常见的一种培训实践，其本质属于习得－应用型交互式研修模式。参训教师带着已有或新研发的与培训主题相关的教育教学实践项目来参加培训，积极学习、理解与掌握新知识，根据新习得的知识与他人的指导，及时修改完善自己的教育教学实践项目，培训结束后持续实施个人的实践项目。培训结束后一段时期，培训者会为参训教师搭建项目反思交流或展示的平台。

“目标分层、自主定向的研修实践样式”是上海市师资培训中心最近探索的一种研修模式，目的是唤醒参训教师的内在自觉，只有参训教师研修的主体性与主动性被充分调动起来，深度学习才有可能发生。该模式基于学员需求设置不同层次的富有吸引力的目标，参训教师根据自己的实际情况自主选择想要达到的目标，围绕目标制定不同的学习路径、激励机制等，并提供持续的个性化支持。

（二）成效与反思

指向教师深度学习的交互式培训的实践成效是显著的。第一，学员的学习主体性增强，能够全身心积极投入培训活动，培训体验大大改善。第二，学员的课堂教学方式日益走向自主、探究与合作。2018年起，指向深度学习的交互式教师培训模式在上海市举办的各级各类中小学学科类教师培训班中进行应用，影响了大约5000名教师，其中有近一半的教师反馈说，他们把体验到的交互式教师研修模式迁移应用在课堂教学方式与教研方式的改进中，正在逐步实现以教师培训模式变革来撬动教师课堂教学方式的变革，打造以学习者为中心的教学模式。第三，学员的学习质量与学习幸福感大大提升。在近5000名中小学教师与近1000名教师培训者中，约90%的人反馈说体验到了愉悦的、全身心投入的学习过程，真正品尝到了理解与获得新知识的快乐，还明白了如何在工作中使用这些知识，并且通过使用这些知识带来了教学行为的变化与学生成长的变化。第四，学员的研究、合作、反思等意识与能力得到了增强。在一个变动不居的时代，研究与合作能力成为一个人应对外在变化、更好地生活与发展的基本能力，指向深度学习的交互式培训让学员在践行研究、合作与反思的行动中，深深感悟到研究、合作与反思能力的重要性。第五，培训生态发生了变化。2018年以来，指向教师深度学习的交互式培训模式在教师培训者国培班、省内外教师培训者高级研修班中实施与传播，影响了约1000名教师培训者，近80%的参训培训者反馈说在自己组织与实施的教师培训中运用了交互式培训的理念、模式、策略与方法。

然而，指向教师深度学习的交互式培训当前仅作为一个实践概念在上海市师资培训中心进行使用与应用，从理论或思想体系的角度看，它还远远不够成熟，需要更多的同行来关注它、研究它、培育它。此外，指向教师深度学习的交互式培训的实践成效还需要大量的实证研究来证明。

参考文献：

[1] 杨婷，金哲．从被动受训到自觉研修：教学改革中教师专业发展40年.[J]. 全球教育展望，2018（8）：25-36.

[2] 国务院办公厅．国务院办公厅关于新时代推进普通高中育人方式改革的指导意见（国办发〔2019〕29号）[EB/OL].（2019-06-19）[2022-01-04]. http://www.gov.cn/zhengce/content/2019-06/19/content_5401568.htm.

[3] [14] 张燕，程良宏．教师的深度学习如何深入：学习要素的视角 [J]. 当代教育科学，2019（8）：45-51.

[4] 教育部师范教育司．教师专业化的理论与实践（修订版）[M]. 北京：人民教育出版社，2003：27-30.

[5] 何玲，黎加厚．促进学生深度学习：计算机教与学 [J]. 现代教学，2005（5）：29-30.

[6] 张浩，吴秀娟．深度学习的内涵及认知理论基础探析 [J]. 中国电化教育，2012（10）：7-11.

[7] 温雪．深度学习研究述评：内涵、教学与评价 [J]. 全球教育展望，2017（11）：39-51，54.

[8][9][16] 钟启泉．深度学习：课堂转型的标识 [J]. 全球教育展望，2021，50（1）：14-33.

[10] 诺尔斯．现代成人教育实践 [M]. 蔺延梓，译．北京：人民教育出版社，1989：41-42.

[11] 鱼霞，毛亚庆．论有效的教师培训 [J]. 教师教育研究，2004（1）；李政涛．论教师的有效学习 [J]. 教育发展研究，2008（5-6）.

[12] 钟启泉．教师研修的模式与体制 [J]. 全球教育展望，2001（7）：4-11.

[13] 钟启泉．教师研修：新格局与新挑战 [J]. 教育发展研究，2013（12）：20-25.

[15] 张诗雅．致力于素养培育的深度学习：理念与模式 [J]. 课程·教材·教法，2018（3）：68-74.

[17] Charlotte N. Gunawardena, Constance A. Lowe, Terry Anderson. Analysis of a Global Online Debate and the Development of an Interaction Analysis Model for Examining Social Construction of Knowledge in Computer Conferencing [J].Journal of Educational Computing Research, 1997,17（4）：397-431; 熊剑．在线学习环境下的协同知识建构：互动的层次、过程和情境设计 [J]. 中国教育信息化，2019（3）：7-12.

[18] 郭华．如何理解"深度学习"[J]. 四川师范大学学报（社会科学版），2020（1）：89-95.

[19] 罗伯特· J. 马扎诺，戴布拉· J. 皮克林．培育智慧才能：学习的维度教师手册 [M]. 盛群力，等译．福州：福建教育出版社，2021：208.

[20] 钟启泉．课堂研究 [M]. 上海：华东师范大学出版社，2016：113，123.

[21] 佐藤学．学习的快乐——走向对话 [M]. 钟启泉，译．北京：教育科学出版社，2004：39-40.

（下转第78页）

论见习教师的现场学习

宋建军
（上海市长宁区教育学院 上海 200050）

［摘 要］现场学习是见习教师胜任教学工作的重要途径。见习教师的现场学习包括师生互动、共同备课、课例研讨、课程培训、项目研究等。在现场学习过程中，见习教师需要经历多信息感知、去情境化学习、再情境化学习、转化学习、创造性学习等多个环节。现场学习的方式主要是模仿学习、探究学习、反思学习等。

［关键词］见习教师 现场 学习

高校毕业生第一年担任教师被称为见习教师。在这一年中，见习教师承担的任务与从业多年的教师并无不同：需要满足课堂教学要求，处理班级管理事务，面对不同学生的各种问题，和各类家长有效沟通，组织学校安排的教育活动，等等。这一系列工作对见习教师而言充满挑战，他们需要在现场学习中学会解决。

教师现场学习的概念，来自李政涛提出的“教师现场学习力”[1]，王占魁定义“现场学习力”为学习者对现场提供的知识信息进行理解、吸收、创新并转化为对自身发展有价值的能量，[2]翁乾明进一步指出教师的“现场学习力”就是教师通过自觉主动的现场学习，实现“知”与“行”的双重更新能力。[3]概而言之，教师的现场学习是指教师在上课、听课、评课、听讲座、研讨等现场，有准备地积极参与，多角度地感知过程，捕捉自己的教学和他人的歧异，并联系自身的教学实践现场进行反思，从而增进自身对教育实践问题的理解与吸纳，并把这种理解与吸纳体现到课堂教学中的过程。[4]见习教师初入职场，最先启动的绝不是某种理论的应用，而是最自然的那部分直接经验。这部分直接经验来自身体力行的经验或前人的榜样。随着教师职场工作经验的自然积累，他们掌握了一套教师专业的话语体系，当这套话语体系无法解决工作现场的矛盾或无法使他们在工作中有所突破时，教师便开启哲学反思，企图在前人的间接经验中求索答案。“学而知之者”与“困而好学”成为他们获取知识的两种动机。教师作为实践者融入经验传统和工作之中，培养的就是亚里士多德所言的洞察或明见力，即教师在工作现场的洞察力，立足于已有的经验基础与体验发生是解释教师现场学习的重要维度。[5]

上海市师资培训中心设计并主持实施的见

作者简介：宋建军，上海市长宁区教育学院师训室主任，博士，高级教师，主要从事教师专业发展、教育科学研究。

习教师规范化培训通过建立工作学校实践研修、基地学校跟岗学习、区域课程集中培训、教研员听课指导、过程性多元考核评价等多种机制，为见习教师提供现场学习的有效途径。十年来的实践表明，市、区两级师资培训部门和见习教师工作学校、培训基地学校及学科教研员密切协作形成的规范化培训机制，显著提升了见习教师的现场学习成效，为他们尽快胜任岗位提供了有效帮助。

一、见习教师的学习现场

见习教师一旦进入学校工作场景，就需要在较短的时间内学会课堂教学的常规要求、班级管理的基本规律、与学生和家长的有效沟通、与同事的互动协作、学校的各项工作流程等。库伯在论述体验学习的过程中完整阐释了现场学习发生的原理。融合杜威、勒温与皮亚杰关于学习发生的理论后，库伯强调学习是整合统一体验、感知、认知与行为四个方面的过程。[6] 见习教师需要在教育现场全方位体验，充分感知教育实践的复杂，形成自己的认知，进而采取合理的行为，基本特征就是“做中学”，实践与学习同步，在实践的操作中通过感知、观察、探究与反思进行学习。根据教育实践特点，见习教师的学习现场主要集中于以下五类：在师生互动现场探索学习教育实践规律，在共同备课现场研究学习教学设计，在课例研讨现场学习课堂教学策略，在课程培训现场拓展教育视野，在项目研究现场尝试解决疑难问题。

（一）师生互动现场

教师的基本职责是进行包括课堂教学、班级管理等在内的学校教育实践活动，这些活动构成了师生互动现场。见习教师在完成工作任务的同时，也在这些师生互动现场学习：在与学生的互动交往中，不断探索与改进教育策略，实现师生间的教学相长；在与同伴的交流研讨中，深化自己对教育的理解，启迪教育实践智慧；在与家长的交流沟通中，了解学生的成长环境，理解不同家庭背景的教育理念，优化自己因材施教的策略。

见习教师在对师生互动现场的反思中，探索对教育实践的持续改进方法。教育实践本身充满着无限的可能性，无法找到一种理论上通用的万能策略，需要教师反思在师生互动中采用的策略是否最恰当，是否需要持续改进。在师生互动现场，学生的个性千差万别，教育内容各不相同，会产生各类问题。见习教师需要不断发现问题，通过研究确立问题之间的内在联系，寻找解决问题的合理路径与方法，不断深化对教育规律的理解与认识。

（二）共同备课现场

学校一般都要求同一备课小组的教师进行共同备课活动，很多学校对共同备课活动有详尽的规定。见习教师在共同备课现场，通过教学设计这一载体，与同伴共同发现一些教学实践中的疑难问题，在研讨中解决，在相互帮助、切磋与追问中深化对教学的理解，拓展对学科核心知识的掌握。

在共同备课现场，见习教师需要承担主讲课程设计的任务，在自主研究所授课程主要内容、学生学习基础、需要达成的目标、教学过程中的重点、学生学习过程中可能存在的难点等关键环节的基础上，向共同备课的同伴宣讲自己的研究成果。这样的共同备课现场可促进承担主讲任务的见习教师深入而广泛地研究授课内容，同时在讲述和解释的过程中不断拓展和深化自己对教学设计的理解。

倾听同伴讲解课程设计也是见习教师在共同备课现场学习的重要途径。积极倾听，并建设性地提出自己对一些问题的理解，参与疑难问题的研讨，不仅是学习的重要途径，也是促进共同备课生态积极健康发展、维护共同备课良好氛围的关键。在建设性研讨的氛围中，共同备课成为促进教师协同发展的学习型现场。

（三）课例研讨现场

课例研讨是学校或区域组织教师相互学习与研究课堂教学的重要现场。学校往往都有制度化要求，每位教师都有机会开设面向同一学科或不同学科教师的公开课，区级或市级的教研员会把课例研讨作为基本的教学活动方式，教师进行的教育科研课题也会把课例研讨作为基本的研究路径。在课例研讨现场，承担开设公开课任务的见习教师会根据研讨主题精心设计一节课。为了不断优化公开课的教学效果，见习教师往往会针对相同的教学内容在不同的班级试讲几次，反复研究课堂教学的关键环节。在这个过程中，见习教师对学生学习状态、教学内容、研讨主题的理解和认识不断加深，同时根据听课者提供的建议修正教学设计过程。这是见习教师掌握教学基本环节、快速实现专业提升的有效途径。

除了自己开设公开课，见习教师更多的是观摩他人的公开课。尤其是对带教导师课堂教学的观摩，在见习教师规范化培训中更是以制度化的方式得到了保证。观摩他人公开课的过程，是见习教师向他人学习、接纳他人长处的过程，也是其进行自我反思，在将同伴教学与自己教学对比的过程中自我促进、提升教育理解的过程。

（四）课程培训现场

课程培训现场是指区域或学校通过课程方式集中传授见习教师应该具备的专业素养，帮助他们在较短时间内掌握教师应具备的基本技能，胜任教师岗位。上海市见习教师规范化培训方案对见习教师的课程培训作了详尽而明确的要求。长宁区见习教师的课程设计围绕师德素养与教学技能等内容维度，对全区见习教师进行每周一天的集中培训，包括专家讲座、小组研讨、汇报交流、参观考察、撰写报告等多种方式。见习教师在参与课程培训的过程中，以开放的心态、主动的探究、多维度的学习，掌握作为一名合格教师应该具备的知识与能力，不断探索和反思教育实践中遇到的问题，借助课程内容实现自我成长。

（五）项目研究现场

教育项目研究也是见习教师学习的重要现场。见习教师通过参与项目研究，可提升自己的教育实践水平。见习教师参与的项目一般都是与教育实践密切相关的行动研究，研究过程自始至终都贯穿着对教师自我反思和实践探索的要求。这类项目研究对见习教师的个人成长而言，是一种有效的学习过程；对教育实践而言，是找到针对即时情境问题解决方案的有效途径。[7]实践表明，参与项目研究是见习教师实现快速成长的重要方式。

二、见习教师现场学习过程的几个环节

库伯从具体体验、反思观察、抽象概括和行动应用四个方面揭示了现场学习的基本特点，强调“学习者必须能充分地、开放地以及没有偏见地参与到新经验中去；必须能从多种角度去反思观察他们的体验；必须能形成概念，能结合他们的观察而形成逻辑语言理论；必须能使用这些理论来作出决定并解决问题”。[8]根据库伯的体验学习理论，见习教师在学校教育现场的学习过程可以分解为情境化学习、去情境化学习、再情境化学习、转化学习、创造学习。在进入实践现场的过程中，见习教师首先经历的是情境化学习，在具体体验中通过模仿学习掌握有效的实践策略；教育情境充满多变性，需要通过探索学习进行去情境化和再情境化学习，即对情境化学习中习得的教育知识进行抽象、概括和提炼，再回到教育实践中去运用；通过持续反思，将探索学习的教育策略转化为自己的教育实践应用，进而创造出独特的教育实践智慧。

（一）情境化学习

见习教师进入学习现场，在与学生、教学情境的互动中形成实践知识，具有教师的个体性和建构性。情境化学习具有三个特点。

1. 多信息感知

见习教师在教育现场的学习中会感知到多类信息，需要在复杂的信息中筛选出自己需要的学习内容。教师的学习现场面临着各类结构不良的信息，有原生态的教育现象与问题，也有对教育现象与问题的各种解读，丰富而驳杂。置身教育现场的见习教师需要分辨各类信息的特质，根据自己对教育的理解获取有用信息。通过现场学习的多信息感知，见习教师在纷繁芜杂的信息中快速判断哪些信息能够转化并逐渐建构起

自己的教育实践知识。

2. 多行动参与

见习教师的现场学习是在全身心投入教育实践中进行的，多行动参与是见习教师现场学习的突出特点。通过倾听理解教育事件，观察感受教育环境，参与研讨与交流，见习教师在与周围的人和环境的互动中创造、生成各类学习资源。现场学习是多感官调动的学习过程，获取的学习成果对见习教师成长而言深刻而丰富。

3. 多方法运用

多方法运用的现场学习集中体现了情境化学习的特点。现场学习场景的复杂性决定了见习教师多种学习方法的综合运用：有对文本的阅读，也有对教育现象的记录；有对教育环境的观察，也有对教育问题的倾听；有对教育现象理解基础上的解读，也有教师之间的互动交流。

（二）去情境化学习

见习教师在情境中学习之后还需经历一个去情境化学习的过程。去情境化，就是要对在特定情境中学到的教育实践知识进行概括、提炼，形成脱离具体情境的可迁移到其他不同教育情境中的抽象知识。教育情境千差万别，每个孩子都是独特的，每个教育场景都不可再造，但教育问题与现象之间却有规律可循。只有脱离情境的抽象知识，才能应用于不同的教育情境；见习教师通过特定的教育现场获取的知识，只有经历了去情境化的学习过程，才是能够迁移的对其处理不同教育实践问题有帮助的知识。

（三）再情境化学习

见习教师现场学习的第三步是再情境化学习，即将通过去情境化学习掌握的教育规律与实践策略应用于不同的教育场景。将抽象化的知识迁移到不同的情境中，在实践运用中举一反三。见习教师把抽象的理念转化为操作策略，应用到新的教育实践场景中，实现策略知识的迁移。只有经历了去情境化和再情境化的完整过程，见习教师才能将学习成果建构到自己的教育实践知识系统中，这个过程是见习教师形成教育实践智慧的过程。

（四）转化学习

见习教师现场学习的另一条路径是转化学习。美国成人教育家杰克·麦兹罗在1978年提出了转化学习理论，认为“成人学习不仅是学习者的知识习得和经验积累，也是学习者意识、认知、观点等的提升或拓展性改变。成人学习是在已有经验的基础上，通过一系列困境、反思、对话和实践等过程发生观点转变，从而实现真正学习的过程”。[9] 见习教师通过学习别人的研究成果，将其转化为自己教育实践中的有效策略，其转化学习体现为个体知识量的增加、对原有知识的修正和改进，以及建立起新知识与旧知识的联系，让新知识能够成为自身知识结构的组成部分。教师现场学习的最终目的是实现外在行为的转变。没有转变也就没有实质意义上的转化学习的发生。行为转变是见习教师在产生内在困惑、认知冲突的情境下与专家学者、同行教师交流后所产生的，是沉思后所形成的自觉性的转变。[10]

（五）创造学习

在学习他人经验的基础上，创造出自己的教育实践智慧，是见习教师现场学习的最高境界。见习教师的创造学习体现为对教育知识进行个性化的重新组合，在教育实践中体现出个性化的教育智慧。创造性的现场学习集中体现为见习教师通过其人格魅力、教学智慧、道德素养去影响和感染学生；学生以投入的激情、灵动的思维、自在的交流影响和感染教师，使课堂充满向心力、生长力、创新力。这样美好的境界促使现场每一个生命个体自然生长、自由生长、灵动生长。[11]

三、见习教师现场学习的基本策略

见习教师身处各类不同的教育现场，在情境化学习中主要是通过观察与对话进行模仿学习，在去情境化学习与再情境化学习中主要是通过阅读与写作实践进行探究学习，在转化学习与创造学习环节主要是通过行为改进和反思笔记等方式进行反思学习，这是见习教师生成教育实践智慧的基本途径。

（一）模仿学习

现场学习的情境化学习环节的主要策略是模仿学习。见习教师需要在教育实践的各类现场，通过观察和对话，多信息感知教育实践，全身心地参与到教育实践中，掌握教育实践所需的知识与方法。模仿是见习教师现场学习的初级形式，也是见习教师掌握教育技能最便捷、最有效的方式。教育实践的大量知识属于缄默知识范畴，需要见习教师在教育实践中通过模仿学习的方式获取。在共同备课与课例研讨现场，见习教师通过模仿其他教师的教学设计和课堂教学，短时间内习得教育实践的基本方法与流程。

1. 观察

观察是模仿学习最基本的方式。见习教师走出大学校门，面对陌生的工作场景，对于具体的教育实践工作往往感到无从下手、不知所措。这时，最有效的方法就是用心观察，看看周围教师是如何工作的。不论是班级管理还是课堂教学，不论是学校事务还是人际沟通，用心观察都是教师快速掌握工作技能的重要途径。如果一位教师能够善于观察，他很快就会掌握教育实践的各项技能，发现学校教育中的各类问题，让自己在较短时间内快速成长。

2. 对话

见习教师在观察中发现问题，在思考的基础上提出问题，需要与资深教师展开对话，在发问与解答中深入理解教育现象。见习教师能够提出问题的前提是认真而深入地思考，将观察到的教育现象放在自己学过的理论知识背景中去审视，发现教育实践与教育理论不相融的关键点，在与指导教师或同伴的对话探讨中不断深化自己的教育理解。见习教师需要基于实践的逻辑修正自己对教育理论的认识，有时也需要坚定教育理论的价值而尝试探索改进教育实践的不足。如此，就会逐渐走上教育实践与教育研究良性互动、同步发展的状态，这也是教师专业发展的理想之路。

（二）探究学习

现场学习的去情境化和再情境化学习环节的主要策略是探究学习。见习教师在各类教育实践现场都需要自主探究学习，只有自觉主动地探究，他们才能在较短的时间内掌握更多的教育规律。举凡在教育领域成就卓著的优秀教师，都是探究学习的模范。如魏书生老师只是初中毕业生，靠着对教育事业的热爱，通过不断的自主探究学习，形成了独树一帜的教育风格；李吉林老师用“在小学里读大学”道出她一生通过孜孜不倦的探究学习终成一代名师的秘密。教师最便捷有效的常用探究学习策略是教育日志撰写和专业文献阅读。

1. 教育日志撰写

通过撰写教育日志建立自己的教育实践备忘录，是见习教师探究学习的有效策略。见习教师将观察所得、提问所获记录下来，一是可以为自己的工作提供参考依据，二是长期积累的资料可以成为教育研究和反思的素材。听、说、读、写是教师职业必备的四项基本功，一般而言，听、说、读对教师并非难事，也是教育实践中天天必做的功课。但写作并不是所有教师都擅长的，很多教师甚至视写作为畏途。如果见习教师从教伊始即养成撰写教育日志的习惯，在坚持不懈的写作中探究教育规律，不难成长为一名优秀教师。

教育日志要求见习教师每天将自己的教育实践记录下来。课堂观察、校园实录、学生成长个案、教学难题、教育见闻、读书笔记、教学反思等各种与教育相关的内容都是日志撰写的素材。当然，教育日志最重要的内容是对学生的观察与记录，在记录过程中不断探索学生成长的规律，是改进教育质量和成效的重要途径，也是见习教师不断理解学生、提升自身对教育的理解的过程。长期的写作历练也会使见习教师练就一双善于发现教育问题的眼睛，发展长于思考教育本质的大脑。教育日志撰写的重要意义就在于：通过教育生活经验的叙述促进人们对于教育及其意义的理解，其本质在于寻找一种合适地呈现和揭示生活经验乃至穿透经验的话语方式或理论方式。[12]

2. 专业文献阅读

遇到复杂的教育问题时，见习教师如果仅仅

根据自己有限的教育经验去处理，有时可能并不妥当。如果从教育实践中的问题出发，有针对性地阅读相关教育文献，则可以有效提升自己的现场学习能力。专业文献的检索与阅读是见习教师进行探究学习的基本路径，也是见习教师拓展知识，在某些领域形成专长，进而形成自己的教育特色的有效方法。见习教师一可以阅读纸质专业书籍或期刊，二可以通过专业的搜索引擎阅读电子文献。掌握各种电子文献库的检索方法，通过研究主题搜集各类专业文献，是见习教师探究学习的基本技能。

见习教师在检索与阅读专业文献的过程中，需要进行文献综述，即将阅读的文献内容进行整理，按照一定的逻辑结构进行组织编排，便于对教育实践中存在的问题进行研究。一般而言，见习教师通过文献综述对某个专门问题进行系统研究后，往往会成为某个具体教育问题的专家。例如，如果教师对教学的情境化文献进行系统梳理，他就会对情境化教学有全面而深入的认识和理解，进而在教育实践中运用情境化教学理论与策略改进自己的教学。见习教师通过文献综述研究的领域越多，对教育实践的理解就越广泛、越深入。

（三）反思学习

现场学习的转化与创造学习环节的主要策略是反思学习。现场学习过程中，见习教师必须对自己的教育行为进行反思。反思学习同样需要经历现场学习的完整过程。从对情境化学习现场的反思开始，教师在反思中领悟去情境化的教育规律，在提炼概括的基础上将习得的教育实践智慧通过再情境化运用到新的教育情境中。结合教育实践对教育理论进行反思，将其转化成具有操作性的有效教育实践策略，再进一步反思，就可以创造出自己的教育实践智慧。早在1903年，杜威就谈到了反思性思维的必要性，认为逻辑理论与分析是对我们时刻在进行反思的一个概括，只有在思考它们意义的基础上，才能够对一整套事物进行反思。对杜威来说，只有当个体面临一个需要去解决的真问题并且寻求以一种理性的方式去解决那个问题的时候，真正的反思性实践才会发生。[13]

反思属于元认知的范畴，是对教育实践的反观、梳理，是跳出教学看教学的过程。通过反思，见习教师以第三者的视角审视自己的教育实践，涉及的思维方式主要是分析与评价。在布鲁姆的教育目标分类学里，分析是将材料分解成它的组成部分，并确定各部分之间的相互关系，以及各部分与总体结构之间的关系，包括区别、组织、归因三个具体的认知过程。[14] 见习教师的反思需要区别哪些教育目标达成了，哪些没有达成，需要将课堂的各个环节组织成一个完整的结构，也需要将课堂上发生的情境进行合理归因，确定是教师的哪些行为导致学生完成了或没有完成学习任务。

见习教师实践反思的对象主要包括教学过程与学生发展两个维度。关于教学过程，见习教师需要不断地自我追问：教学目标达成度如何？教学过程是否合理？教学的预设与生成之间的张力是否把握合度？关于学生发展，见习教师则需要关注学生整体的表现如何，有哪些个体表现优异，有哪些学生无法适应教学进度，是否有学生表现异常。持续的反思与自我追问，可促进见习教师对教育实践的理解不断深入，对教育实践的分析不断结构化，对教育实践的评价不断趋向精确，引领见习教师创造更有益于学生发展的教育实践智慧。见习教师常见的反思方法是静思回顾和撰写反思日记。

1. 静思回顾

静思回顾是见习教师反思学习最便捷的方法。见习教师要养成每节课后凝神静思的习惯，时间可长可短，但要将自己刚刚结束的教育实践在头脑中重新思考一遍：找出需要改进的环节，提炼出值得进一步深入思考的问题，回味教学中的精彩片段和即兴生成的智慧灵感。课后静思，是见习教师为繁忙的教育实践设立的心灵驿站，能够帮助他们从多面繁杂的实践现场慢慢梳理出一些能够表达、可以符号化编码的教育规律。

按照范梅南提出的多层次反思水平模型，静

思回顾属于较高层次的反思。在范梅南的理论框架中，第一级反思水平仅仅需要在教室中选择与利用一些诸如教学策略之类的东西。这是课堂教学的一般水平，几乎每一位教师都能够达到这一水平的反思。在反思水平的第二个层级上，教师开始在教育实践中运用一些教育标准来就教育学事实做出独立的个人决定。见习教师需要思考课堂实践的潜在假设，以及一些特殊策略、课程等可能产生的教育后果，并对这些后果进行理论层面的评估。第三层次的反思是一种批判性反思，要求教师对直接或间接与课堂相关的道德、伦理及其他类型的常规标准进行质疑。[15] 静思回顾就属于批判性反思的范畴，这类反思往往与专门研究同时进行，应该是见习教师从教伊始就需要追求的至高境界。

2. 撰写反思笔记

撰写反思笔记是反思学习的有效路径，如果见习教师有充足的时间，就应该养成撰写反思笔记的习惯。静思是重要的，但如果反思仅仅停留在思考的层面，很多东西还是容易稍纵即逝，来不及深入思考与清晰梳理。撰写反思笔记就不一样，书面表达能够引领见习教师一步步将繁杂的实践现场通过抽象的文字概括出来，这个过程既是选择有意义教育实践的过程，也是将教育现象条理化与抽象化编码的过程；既是探寻教育实践现象背后蕴藏的教育原理的过程，也是在实践现象与教育理论之间建立内在联系的过程。将反思性写作视为一种习惯，当作实践反思的基本方法，见习教师的反思学习就会不断深入，专业发展的目标就会在不知不觉中实现。

根据研究者的观点，那些运用理论来指导实践的教师是更深思熟虑、更富有思想的问题解决者。研究者推论说那些能够解释其教学方法并能为之辩护的教师是更优秀的教师。[16] 撰写反思笔记，架设起教育理论与教育实践之间的桥梁，是见习教师走向优秀的必由之途。

参考文献：

[1] 李政涛．现场学习力：教师最重要的学习能力[J]. 人民教育，2012（21）：45-46.

[2] 王占魁．从“个体教学”到“集体教研”：论当代教师的现场学习力 [J]. 教育发展研究，2013（4）：19-23.

[3] 翁乾明．教师现场学习力之内驱力的思考 [J]. 福建基础教育研究，2018（8）：142-144.

[4][11] 杭海燕，张婵娟．教师现场学习力的生成机制及培养路径 [J]. 江苏教育，2020（78）：38-41.

[5] 许芳杰．教师现场学习力的研究 [D]. 上海：华东师范大学，2019.

[6][8] D. A. 库伯．体验学习：让体验成为学习和发展的源泉 [M]. 王灿明，朱水萍，等译．上海：华东师范大学出版社，2008：17；26-27.

[7] 郑金洲．教师如何做研究 [M]. 上海：华东师范大学出版社，2005：24-26.

[9] 殷蕾．转化学习理论视角下教师培训的困境与出路 [J]. 中国教育学刊，2018（10）：87-91.

[10] 周亚东．论教师现场学习力的生成 [J]. 教育探索，2018（6）：89-95.

[12] 丁钢．声音与经验：教育叙事探究 [M]. 北京：教育科学出版社，2008：55.

[13][15] Timothy G. Reagan, Charles W. Case, John W. Brubacher. 成为反思型教师 [M]. 沈文钦，译．北京：中国轻工业出版社，2005：26-27；29.

[14] 安德森．布卢姆教育目标分类学：分类学视野下的学与教及其测评 [M]. 蒋小平，等译．北京：外语教学与研究出版社，2009：60.

[16] 伦尼·坎波伊．课堂问题分析与解决：成为反思型教师 [M]. 赵清梅，等译．北京：中国轻工业出版社，2007：56-58.

（下转第 60 页）

基于项目化学习的校本教师培训

全 迅
（上海市虹口区教育学院实验中学 上海 200081）

［摘 要］近年来，上海市虹口区教育学院实验中学开展了基于项目化学习的校本教师培训活动，强化教师合作探究、自主创新能力的培养。培训直指教师观念的转变，包括确立“以人为本”“注重综合素养”的教育质量观，指向辩证思维与批判反思的教学设计观，遵循“自上而下”和“自下而上”的教学管理观。基于项目化学习的教师培训经验包括用“问题清单法”明确教学目标，用“小组任务法”设计教学活动，用“研讨会法”构建成果展示方案，用“体验分享法”让评价和反思更具驱动性。教师培训后，学校的项目化学习成果重视核心素养发展的目标设置，重视培养自主学习能力的多元任务设计，重视促发驱动力的评价反思环节。

［关键词］项目化学习 校本教师培训 教育质量观

一、项目化学习走进校本教师培训

（一）背景

近年来，上海市虹口区教育学院实验中学（以下简称“实验中学”）一直关注校本教师培训的研究趋势。基层学校教师白天承担着繁重的工作，一天下来已经非常疲惫，很难有精力参与到校本教师培训中。教师即使人在培训现场，但心不能完全到位。实验中学就开始思考有没有一种方式可以调整培训聚合力，让校本教师培训变得生动有趣。

《上海市义务教育项目化学习三年行动计划（2020—2022年）》提出，要“推进义务教育教与学方式变革，着力培养学生创造性解决问题的能力，进一步提高义务教育质量”。实验中学通过对项目化学习的接触、学习与实践，以活动项目、学科项目、跨学科项目为载体，进一步激发学校办学活力。实验中学也是区级项目化学习项目实验校。

在这一过程中，实验中学启动了校本教师培训的变革，积极探索在项目化学习的形态下构建校本教师培训体系。校本教师培训强调教师个体需要拥有应对不断变化的社会环境与工作条件的适应能力，需要突出教师个体与未来及现实环境

基金项目：本文是上海市虹口区教育科学研究重点项目“指向‘有戏学生’培养的生涯适应力校本综合课程建设”（项目编号：A20062）的阶段性成果。

作者简介：全迅，上海市虹口区教育学院实验中学校长，主要从事教育管理与教师培训等研究。

的交互作用。[1] 在项目化学习的观察视角下，教师需要重视对自身的自主学习能力、应对并解决现实问题的能力进行重点培养。在这一过程中，校本教师培训对项目化学习的了解需求非常迫切。

（二）何谓项目化学习

项目化学习（Project-based Learning）是一种教与学的方法。[2] 在项目化学习过程中，教师致力于引导学生通过一段时间内对真实的、复杂的问题进行探究，学会解决问题。学生则通过设计解决方案，培养独立思考及批判性思维能力，学会更好地与他人合作以及应对真实生活中所面临的挑战。项目化学习是教学方法，是思维模式，也是教学技能和教学内容的框架。项目化学习强调学生在探究中的自主性，学习的发生、计划、实施、结果、评估等都由学生自己把控。这就对传统的教学方式提出了挑战，要求教师不再是教学的"掌控者"，而是学习的"促发者"和"引领者"，需要教师具备更强的专业经验和教学灵活性。[3]

项目化学习以建构主义理论为指导，强调学生在学习过程中的主观能动性。以项目化的任务为驱动，以学生自主探索为核心，以小组合作学习为主要模式，教师提供学习资源和工具，充分调动并发展学生的自主学习能力、合作意识、科学精神、创新探究能力和解决实际问题的能力。

基于上述两点考虑，实验中学开展了基于项目化学习的校本教师培训项目，协助教师理解项目化学习理念，掌握项目化学习模式的内涵，并在项目实施过程中探索进行"生涯适应力"课程学科渗透的有效路径，让教师在实施项目化学习的过程中，协助学生发展核心素养和生涯适应力。

二、基于项目化学习的校本教师培训的主要特点

（一）教育质量观——"以人为本"与"注重综合素养"

教育观是关于教育本质、目的、功能等的基本看法，关乎教师对教学的理解，以及对教育过程、教学方法的设计与实施。项目化学习指向"以人为本""注重综合素养"的教育质量观。项目化学习教师培训需要更加注重学生在学习中的主体需要，深刻理解教育的本质是培养有学习能力、适应社会发展的自主学习者。因此，在项目化学习教师培训中，我们把"什么是好的教育"作为整个培训开篇的第一个驱动性问题。通过引导教师在深入探究该问题的过程中对教育观进行再思考，为接下来的项目化学习教学活动设计做好充分准备。

（二）教学设计观——辩证思维与批判反思

传统的教学方式以教材和知识点为中心，教师以讲授的方式进行"知识点的传授"，学生以聆听的方式进行"信息的接收"。教师期待在课堂上、在短时间内，让学生掌握人类数千年来的经验总结。[4] 尽管这种知识掌握是高效的，但却不符合当今社会对学生持续生长并不断解决实际问题、适应社会发展的需要。

以建构主义为理论基础的项目化学习认为，知识不是简单地通过教师传授即可获得的，需要学习者在真实的学习情境中主动建构。学习者不是被动地吸收信息，而是主动地通过已有的认知结构对新信息进行加工和改造。学习过程的实施需要强调主动性、社会性、情境性、协作性。[5] 学生的知识建构过程是教师不能代替的，教师只是引领者而非传授者，学生是自主的探究者而非被动的跟随者。

基于项目化学习的教师培训需要引导教师在设计教学活动的过程中，重视学生的主动参与性，有意识地考虑学生是否在"主动思考"。在培训过程中，我们对于项目化学习教学活动设计的考察重点在于，学生的思考是否具有辩证思维特征，学生的知识应用是否具有理论联系实际的特征，学生的探究过程是否体现批判反思的特征并具有可持续性。

（三）教学管理观——"自上而下"和"自下而上"

虽然项目化学习强调发挥学生的自主性，

认为教师的主导过多会导致学生失去自主性，但教师仍然是教学活动的促发者和引领者。如果教师对教学活动完全失去掌控、不加控制，学生会像失去领头羊的羊群一般迷失方向，他们不可能在毫无方向引领和方法指导的过程中，进行有效的自主学习。这就要求教师在教学活动实施的过程中，平衡好“自上而下”的教师掌控型教学活动和“自下而上”的学生主控型教学活动。在需要激发学生自主性的时候，把主场交给学生；在关键步骤中，关注把控探究活动的方向和节奏；在学生需要帮助或陷入困难时，接过主动权、提供方法，引领学生解决问题。如此收放自如的教学活动实施，是对教师教学灵活性的挑战，但也是教师在教学生涯中的关键成长点。

三、基于项目化学习的校本教师培训的路径和方法

项目化学习是以参与式学习为基础的教学模式，强调“授人以鱼不如授人以渔”。通过项目化学习进行的教师培训，就是让教师在做中学，在培训中体会。在培训过程中，教师个体不但是项目化学习的学习者，也是项目化学习的参与者和创造者。只有教师自己变成了自主的学习者，才能设计并实践针对学生的项目化学习课程，才能把学生培养成自主的学习者。

（一）主要路径

一是以教师集中学习为主，主要以教师工作坊的形式开展，重点解决教师对项目化学习基本理念、内涵、教学方法、教学环节的理解和接纳问题。培训专家通过项目化学习的实践案例，剖析项目实施过程中的重难点，并分享自己的实施经验和应对策略。

二是以教师分组学习、小组任务和一对一培训为主，重点解决教师在实践项目化学习教学活动中遇到的具体问题。在任务选择方面，每个小组的项目化学习都围绕“在学科教学中渗透生涯适应力”这一预设目标展开。学校要求参训教师通过项目化学习独有的教学方法，在教师亲身参与培训的同时，设计面向学生的项目化学习生涯适应力教学活动。在确保各小组之间具有可比性和相互借鉴意义的同时，努力将培训过程与学校中心工作结合起来。

（二）主要方法

1. 用“问题清单法”明确教学目标

“问题清单法”是项目化学习的任务确定环节经常使用的方法，类似于传统的“头脑风暴”，但比头脑风暴更具引导性和结构性。问题清单法通常以一个话题开始。学习者可以围绕该话题，提出各种自己感兴趣的问题，或者有疑惑的问题。当收集完所有学习者的问题之后，可以对所有问题进行分类或二次探讨，最终协助学习者明确此次项目化学习的主题和目标。

当运用这个方法协助教师明确其教学目标时，其实也是协助教师对自己的教学进行深度思考。培训专家可以将教师目前对教学、项目化学习的理解与困惑，以及教师期待基于项目化学习进行学科教学的设想结合。

【培训案例 1】问题清单法

培训专家请教师就“项目化学习”提出自己感兴趣的问题时，教师的问题包括：项目化学习对教学环境有要求吗？项目化学习要求教师怎样做？是不是所有的学科教学都适用于项目化学习的方式？在这个基础上，培训专家引导教师继续探索项目化学习和生涯适应力学科渗透之间的关联，最终明确针对学生的项目化学习活动目标。德育组一位参训教师提出以“通过阅读名人传记，帮助学生提高自主探究、合作学习的能力，促进学生提升生涯适应力”为目标的德育课。

2. 用“小组任务法”设计教学活动

“小组任务”是项目化学习教学模式的中心，在小组成员共同完成学习任务的过程中，协助学习者发展团队协作、解决问题、自主学习和自我管理的能力。小组任务通常以分组和创建小组为开始，以小组分工协作贯穿始末。在完成任务

过程中，小组成员需要不断地发现问题、解决问题，从而提升能力。因此，在教师项目化学习培训的第一阶段末和第二阶段中，也主要以小组任务的方式进行。

【培训案例2】小组任务法

培训专家请教师以小组为单位，设计一个符合生涯适应力教学目标的教学活动方案。在这个过程中，小组内的教师对任务进行拆解，对时间进行分配，各取所长，合作完成活动设计。参训教师在执行小组任务过程中遇到各种问题：时间进度拖后、教学活动设计不理想、设计思维局限、与正常教学工作冲突、对学生完成能力的担忧等。培训专家通过鼓励组内成员之间相互支持、群策群力、责任担当，引导参训教师在这个过程中提升研发能力和创造性。更为重要的是，这种对“小组任务法”的亲身体验，让参训教师更加明确了对学生分组任务的难点和关键点的把控，包括如何分组、如何提升团队凝聚力、如何协助团队分工等。

3. 用“研讨会法”构建成果展示方案

“研讨会法”通常用于项目化学习需要拓展思路的时候，由问题描述、澄清性问题、其他成员提出建议等步骤组成。与传统的研讨会不同，在项目化学习“研讨会法”中，有“沉默时间”的设置，即问题描述后沉默一分钟，旨在要求所有参与教师对问题进行独立、深入的思考；有“澄清性问题”的设置，即澄清问题所面临的客观环境等，旨在帮助所有参与人员理解现实，提升研讨效率。此外，“研讨会法”强调了不批评、不指责的研讨规则，在互相尊重的前提下，避免无效冲突，提高最终建议的积极性和可行性。

【培训案例3】研讨会法

培训专家在引导教师构建学生生涯适应力项目化学习成果展示方案的时候，使用了这种方法。其主要通过澄清学生数量、学生组成、成果展示环境等问题，协助教师进一步思考其方案的可行性和有效性。通过对他人方案的提议，以及收集他人对自己的建议，从原本单一的“阅读名人传记读后感分享”“针对名人传记的问卷调查”等方案，衍生出“设计文创产品”“编写名人成长编年表”“制作名人介绍短视频”等方案，使学生项目化学习的成果展示得到了极大的丰富和拓展。

4. 用“体验分享法”让评价和反思更具驱动性

传统教学中的评价和反思，多数以教师评价或成果展示为主。而项目化学习中的评价和反思，除了教师评价和成果展示外，还十分注重学习者的自我评价和反思，尤其强调对整个学习过程的经验分享、感受分享和积极反馈。

【培训案例4】体验分享法

参训教师对自己参与的整个过程进行复盘，安排小组分享环节，让他们充分表达自己在培训过程中的体会和感受，并鼓励教师之间的积极反馈。这一过程不单促发了教师自身对项目化学习的积极感受和能力成长，也让教师通过亲身体验意识到，一个有意义的评价和反思环节，对于学习者学习驱动性的积极影响，从而使教师在设计针对学生的项目化学习教学过程中，更加注重对评价和反思环节的设计。

四、案例展示与质量分析

随着项目化学习教师培训项目的深入，实验中学教师尝试在八年级设计并实施了以阅读名人传记为主题，以提升学生生涯适应力和综合素养为核心的项目化学习活动，收获了多个较为成功的项目化学习的教学案例。其主要体现在以下三个方面：

1. 注重核心素养发展的目标设置

在目标设置方面，没有局限于德育课目标，而是综合了阅读能力、认知能力、团队合作能力、问题解决能力等综合素养。（见表1）这为项目化学习的开展奠定了良好的基础，也拓展了学生在项目实践中发挥自主性的可能。

表1 注重核心素养发展的目标设置

目标	内容
阅读能力	通过阅读成果创新展示活动的前期准备，帮助学生提高自主探究、合作学习的能力，促进学生生涯适应力的提升。
认知能力	通过对各行各业名人的认识和了解，结合自身实际，提高学生对自我的认识和对成长价值的认识。
团队合作、问题解决能力	通过团队展示，回顾各小组完成阅读成果创新展示活动的过程，分享困难解决方案，拓展学生多元思维。

表2 培养自主学习能力的多元任务设计

阅读书目	项目化学习任务设计	主要实践形态	主要探究方法	项目成果展示
《李白传》/《苏轼传》	根据阅读主题人物，设计文创产品	探究性 审美性	问卷法 访谈法	以直播间销售的形式展示文创产品
《鲁迅传》	制作一段能介绍主题人物的短视频	技术性 社会性	文献法 讨论法	以一段导游词结合短视频的方式介绍人物
《科比传》/《拿破仑传》	以主题演讲形式，分享阅读人物的突出特点及阅读启发	探究性 社会性	文献法	主题演讲、PPT展示、人物小视频分享
《爱因斯坦传》	设计一款手机App概念产品，并发布介绍该产品	技术性 探究性	问卷法 访谈法	以情景剧的形式介绍手机App产品
《C罗传》	根据阅读主题人物，设计一份电子手账	审美性 技术性	讨论法 文献法	电子手账展示、PPT展示
《毛泽东传》	根据阅读编写人物成长编年表，展现人物风采	探究性 社会性	文献法	编年表和PPT展示、朗诵

2. 培养自主学习能力的多元任务设计

项目化学习中通常包括五类项目实践形态（调控性实践、探究性实践、审美性实践、技术性实践、社会性实践）和两类项目化学习成果（制作表现类成果、解释说明类成果）。[6] 实验中学教师在设计项目化学习小组任务的过程中，从学生的兴趣入手，结合阅读主题和学生真实的生活情境，设计了一系列既能让学生充分发挥自主性，又能锻炼学生多种科学探究能力的项目任务。（见表2）

3. 促发驱动力的评价反思环节

项目化学习尤其重视对项目过程性的评价和反思。因为这一环节并不意味着项目的结束，反而蕴藏着学习者自我成长的开始。由此，实验中学教师的教学设计更加注重过程性评价，并综合了自评和他评的评价反思环节。有的教师以“寻找关键词”的方式，帮助学生进行自我评价和反思；还有的教师让学生回忆项目过程中印象最深刻的内容。

五、未来展望

运用项目化学习的理念与结构进行教师培训是基于发展性视角的未来培训方式。这样的培训应该可以直接帮助教师改善教育教学质量，并确保学校能收到培训反馈。实验中学基于项目化学习的教师培训已初步完成了基础阶段的培训任务。把项目化学习融入学校课程有很多种方法，实验中学在生涯适应力课程方面也试验了一些方法。在项目化学习主题设置和驱动性问题引入方面，未来可结合更多的学科知识、大概念、核心技能等，如考虑“多学科”即不同学科领域教师之间的合作。在项目化学习活动设计和成果展示方面，未来考虑结合更多的学科应用，将学科知识与学生生活中遇到的实际问题相关联，真正提升学生的生涯适应力。而在项目化学习评价与反思环节，在延续过程评价、质性评价的基础上，未来可加入量化评价和专家评价等，促进学生个人和团体的共同进步。

我们认为，基于项目化学习的未来教师培训，应该具备以下几点：一是基于课堂的；二是目标既包括改善教学质量，也包括促进教师的可持续发展；三是培训者（特别是学校内生的培训者）要拥有人际沟通能力、观察能力、问题解决能力；四是要求构建一种共同管理关系，教师与培训者地位平等；五是未来的培训是基于数据的收集、分析与反馈的。

参考文献：

[1] Super, D. E. A life-span, life-space approach to career development[J]. Journal of Vocational Behavior, 1980(3).

[2] 陈咏梅，原牡丹 . 普通高中项目式学习的实践策略分析 [J]. 教学管理与教育研究，2018（14）.

[3] 赵胜楠 . “项目式学习”设计与实施 [J]. 课程教育研究，2018（46）.

[4] 刘阳丹 . 基于项目式学习课程开发的生物学教师工作坊建设 [D]. 上海：华东师范大学，2020.

[5] 谷瑞丽 . 项目驱动式教学法在《创意写作》教学改革中的应用 [J]. 写作，2018（3）.

[6] 夏雪梅 . 项目化学习设计：学习素养视角下的国际与本土实践 [M]. 北京：教育科学出版社，2018.

School-Based Teacher Training Based on Project-Based Learning

QUAN Xun

（Experimental Middle School of Hongkou Education Institute, Shanghai 200081, China）

Abstract: The recent years witnessed that Experimental Middle School of Hongkou Education Institute has carried out school-based teacher training activities based on project-based learning (PBL) to strengthen the development of teachers' capability for collaborative inquiry and independent innovation. The training is aimed at changing teachers' ideas, including: establishing a “people-oriented” and “comprehensive literacy” view of education quality; pointing to a view of teaching design focusing on dialectical thinking and critical reflection; following a “top-down” and “down-top” view of teaching management.The experience in teacher training based on PBL include: using the “problem list method” to clarify teaching objectives; using the “group task method” to design teaching activities; using the “workshop method” to construct the plan of achievements display; using the “experiential sharing” to make assessment and reflection more driven. As a result of the teacher training, the school's PBL achievements pay attention to goal setting for core literacy development, multi-task design for developing independent learning skills, as well as evaluation and reflection for promoting motivation.

Key words: Project-Based Learning, School-Based Teacher Training, View of Education Quality

（责任编辑：汪海清　顾戚）

[编者按]近年来，源起于北美的教学技能工作坊(ISW，Instructional Skills Workshop)在国内许多高校的新教师培训中受到欢迎。作为教师学习的一种有效方式，它提倡学习者视角的反思与重构，通过迷你教学(Mini Lesson)和BOPPPS教学模式，快速提升教师的教学设计与教学实施能力；作为教师培训的一种有效模式，它提倡培训者的"隐性引导"，建立由教学技能工作坊、引导员发展工作坊(FDW，Facilitator Development Workshop)和培训师发展工作坊(TDW，Trainer Development Workshop)组成的三级体系，有效实现教师培训者的分层级和大规模培训；作为教师发展的一种本土化实践，国内学者在本土行动的基础上，在理念层面从刻意练习、体验学习、参与式培训等角度进行理论解析与研究，在实践层面从教学反思、课程思政、教学伦理等方面进行本土化创新与突破。其中，有代表性的学者有陈向明、李赛强、刘广荣、朱征军、周利云、石君齐等。ISW超越了一般教师培训对教学策略的简单模仿，将教育价值观与教育理念贯穿其中，在高等教育、基础教育和职业教育的教师培训领域都有广阔的应用前景。本辑"行动研究"将发表部分学者的文章，涉及ISW的本土实践、隐性引导、引导员知识发展等，并有陈向明教授在实地观摩ISW实践后的思考和评论，供广大读者学习和探讨。

教学技能工作坊本土实践研究

李赛强

(山东大学　山东济南　250100)

[摘　要] 本文对发起于北美高校、近年来被我国很多高校采用的教学技能工作坊(ISW)项目进行分析，介绍项目的优势，结合当下我国高校教师发展工作面对的挑战和阶段性需求，分享项目的本土实践做法，提出从教师个人、学习者、同行和理论文献四个不同又相互联系的视角对教师的教学进行引导反馈，超越对教学策略的模仿，将对教育价值观和教育信念的反思贯穿其中，强化了教师教学伦理意识和课程思政能力，促进了教学策略层面的创新。

[关键词] 教学技能工作坊(ISW)　课程思政　教学伦理原则　反思视角　本土实践

作者简介： 李赛强，博士，山东大学教授，教学技能工作坊(ISW)国际认证培训师，主要从事高校教师教学发展研究、教学咨询服务。

随着我国高等教育进入普及化、信息化阶段，高校教师教学胜任力结构发生了变化，需要可持续的教师教学发展项目作为支撑。教学技能工作坊（ISW，Instructional Skills Workshop）起源于20世纪70年代末的加拿大，正值北美地区高等教育从大众化教育阶段向普及化教育阶段发展，学生数量快速增加，高校教师数量和教学水平亟待提高。我国高校引进ISW项目后，很快受到一线教师的认可。随着项目的广泛开展，引导员队伍数量在不断壮大，提高工作坊质量和引导员专业化水平尤显迫切。国内高校一流课程建设和课程思政建设的要求，也促使高校教师对研修项目提出了更高的要求，该项目本土化探索正逐步深入。

一、何谓教学技能工作坊

（一）教学技能工作坊的内涵

教学技能工作坊项目是一项为期三天，共计24小时的教师教学发展项目。与传统的教师培训活动相比，教学技能工作坊有着丰富多样的参与式学习活动，每天的迷你教学实践和即时的教学反馈，使得参与者对复杂的教学进行的反思建立在对具体事件和行动的描述上。学习过程中，学员5—6人一组，由1—2位引导员带领，组成相对固定的学习小组，即“学习共同体”。小组成员互为榜样，也互为反馈对象，按照BOPPPS（Bridge-in，Objective/Outcome，Pre-assessment，Participatory Learning，Post-assessment，Summary）有效教学模式，将这种教学策略显性化来进行刻意练习，每位成员实践不同的策略时，提供了多种情境的教学实践。工作坊各项活动规则的制定、视频材料的处理、引导员中立角色和每天对项目的形成性反馈等，为学员创设了安全的、被尊重的环境，为深度的反思提供了可能，学员在得到一些策略性的建议的同时，又能在感情上不受任何伤害。

（二）教学技能工作坊的实施样态

为了顺利开展教学技能工作坊，ISW项目建立起一套三级工作坊培训体系。

第一级，教学技能工作坊旨在提升教师教学胜任力和教学信心，帮助教师对教学实践进行反思，工作坊面向所有教师，也面向研究生和学生助教。第二级，引导员发展工作坊（FDW，Facilitator Development Workshop）一般为期4—5天，共计40小时，旨在发展能够胜任引导和组织第一级教学技能工作坊的引导员，“学习引导ISW的学员通常被要求已经完成了教学技能工作坊，并表现出作为ISW引导员应有的才能和态度。在培训师的帮助下发展所需的专业技能，更为重要的是在FDW中提供讨论支撑ISW基本成分的基本价值和原则的机会”。[1] 第三级，培训师发展工作坊（TDW，Trainer Development Workshop）旨在将已完成引导员发展工作坊并主持了多次教学技能工作坊的富有经验的引导员作为培训师学员（trainee），发展他们领导引导员发展工作坊的技能。

通常可以通过以下两种方式获得FDW培训师证书：（1）与经验丰富的培训师一起主持引导员发展工作坊并协同工作，在过程中实践并得到培训师的指导和反馈；（2）培训师学员将参加4—5天（24—30小时）的培训师发展工作坊，与FDW培训师一起发展他们的引导员培训技能。在任一过程结束时，培训师学员都会收到由TDW培训团队成员签署的FDW培训师证书。ISW是一项发展性的活动，而FDW和TDW则是以技能为基础的，通常需要大量的实践和反馈。[2] 教学技能工作坊成功的关键在于建设一支热爱教学，富有理论洞察和熟练驾驭BOPPPS有效教学模式，以及掌握引导技能的引导员队伍。

（三）教学技能工作坊的关键要素

1. 有目的的练习

教学技能工作坊活动设计符合“有目的的练习的四个特点”：（1）有目的的练习具有定义明确的特定目标；（2）有目的的练习是专注的；（3）有目的的练习包含反馈；（4）有目的的练习需要走出舒适区。[3] 在教学技能工作坊中，每天要对目标进行审视，这个目标没有必要是一个长远的目标，它可以是一个极具针对性的短期目标，定义明确的具体目标可以有效地用于引导教师的练习。在教学技能工作坊三天的迷你教学循环中，第一天的迷你教学是基础，第二天和第三天都是针对前一天存在的不足和大家的反馈意见，进行有针对性的改进。有目的的练习就是“积跬步以至千里”，最终达到长期目标。三天集中专注的训练，得到来自学习者书面和口头的反馈，还有个人对自己教学视频的反馈，通过反馈准确辨别在哪些方面还有不足，以及为什么会存在这些不足，启发了教师对自己教学的元认知。在教学技能工作坊三天学习中，每天都有新的挑战，例如：第一天要对 BOPPPS 每个要素完整呈现；第二天提出 3H（heart、head、hand）原则，目标的设计和达成要包括三个维度，即认知、情感和技能；第三天根据个人目标，将以上要求进行整合。通过这种有目的的刻意练习，学员的教学能力迅速有效地得到提升。

2. 着意建设的项目文化

被认可、被尊重，鼓励教学创新和冒险是一种着意建设的项目文化。有意义的正面反馈是保持动机的关键要素之一，这种反馈有时来自教师个人，如满足于看到自己在迷你教学中水平提高和方法改进；有时来自其他人提出的反馈，同伴从不同的视角给予积极的反馈，有些是想到的，有的观点是意外的惊喜。在教学技能工作坊中，反馈的原则是提出两条优点和一条改进建议，在这种安全的学习环境中对学员提出挑战，学员愿意冒险走出自己的舒适区。

3. 真实的学习情境和学习反馈

人的学习受到情境的制约或促进，比如要学游泳，就不能只是在岸上比画，而是要跳到水里去学习。在教学技能工作坊中，创设真实的教学情境，教师在真实的情境中使用这些教学策略，学习者从真实的学习体验中反馈，教师采用的教学策略在哪些方面帮助了他们的学习，在哪些方面阻碍了他们的学习，从学习者角度反馈使得教师获得了真实有效的改进建议。

二、教学技能工作坊的本土实践

教学技能工作坊以其新颖的活动形式，被尊重、被认可的学习体验和简单易行的 BOPPPS 教学模式受到参与教师的肯定，越来越多的高校采用这种形式为教师教学发展服务。有的学校通过创新改造教学技能工作坊服务于青教赛备赛、创新大赛和其他的教学比赛，有的服务于一流课程申报等。随着 ISW 项目的推进，越来越多的教师加入了引导员队伍。虽然经过了引导员发展工作坊的引导技能的专项训练，但是，这种“口耳相传”的方式，也给引导工作带来了很多的挑战和问题，有必要总结和改进教学技能工作坊的实施经验，进行更有效的本土实践。

（一）教学技能工作坊本土实践的现实挑战

1. 项目实施的效能不足

首先，有的项目开展时，强化了它的娱乐性、趣味性，参与感很强，工作坊活动为了互动而互动，降低了学术的深度，其心理内省反思性降低。有的引导员对学习风格、理论主题学习活动的引导没有把握，干脆就省略掉，只进行“通天宝塔”一类的合作学习活动。其次，有的将 BOPPPS 教学策略以模式化的形式展示，简单理解为一种套路让教师掌握实践，只是从流程上反馈 BOPPPS 各个环节是否完整，缺乏理论视角的理解和各要素之间逻辑关系的认识，缺少对模式所蕴含的理论的洞察。再次，有的将教学技能工作坊变成了同行交流，错误地将反馈理解为“面批”，教师虽然收到很多改进的建议，但是仅停留在策略的认知上。诸如此类的问题存在，造成了工作坊结束后，手册中罗列的很多理论文献摘录和教学方法并未得到学习和应用，理论与实践相分离，实践反思更是难以发生。

2. 教师教学改进的需求增多

中国作为发展中国家，改革开放以来高等教育迅速进入普及化教育阶段，高校在校学生人数居世界第一，大部分学生是家庭中第一代大学生，在学业指导、生涯规划和人生理想方面需要得到帮助，特别需要专业教师承担起立德树人的公共教育职责，通过课程思政建设全面提高人才培养质量。高等教育普及化阶段教师面对新的挑战，如学生多样化的需求，学生学业基础不同，学生来源变化，教育信息技术的使用，教师教学胜任力结构发生变化，教师需要重新审视所秉持的教育信念和教育价值观，审视师生关系和教师角色。很多教师希望通过教师教学发展研修项目，提高课程的思政设计水平，获得实践策略。教师的教育信念和教育价值观决定了教师教学行为和教学策略的选择，教学技能工作坊研修活动便不能仅仅停留在教学方法和教学策略的学习训练上，更应该帮助教师从教育信念和教育价值观方面深度反思，才能满足教师专业发展的需求。

（二）教学技能工作坊本土实践的目标

基于以上存在的问题，教学技能工作坊本土实践确定了三个方面的探索目标，帮助教师从教学策略层面的反思上升为对教育信念和教育价值观的反思，以培养具有高尚理想信念、具有反思能力的教育实践者为最终目标。

1. 提升教师的教学反思能力

从工作坊形式上注意从四个方面进行引导反思，即教师自我反思、学习者视角反思、同行视角反思以及理论视角反思。[4]借用四个相互区别却又相互联系的视角，帮助教师全方位思考自己的教学信念和教学行为。

2. 加强教师的课程思政意识和能力

随着高校课程思政建设活动的推进，教师参加教学技能工作坊对课程思政教学设计的需求也越来越强烈，如何满足一线教师的需要，工作坊在内容的选择、形式的创新上不断优化就成为一种必然。因此，工作坊的主题学习活动增加了课程思政教学设计，在迷你教学循环中增加对学习者情感、态度和价值观方面的引导和反馈。

3. 提升教师的教学伦理敏感性

首先，纠正教师通常对师德和伦理教育存有的偏见。因为传统的师德教育活动大多采用说教的方式，列举的案例往往也是一些极端恶性事件，教师们普遍认为，这些恶性事件不可能发生在自己身上，不需要说教。其次，提高教师学习教学伦理原则的积极性。人们通常对善和恶、对与错有基本的判断，在日常生活中有个人行为原则并采取与之相一致的行动，如公平竞争、尊重他人、学习诚信等原则。但是，教师将个人的伦理理解转化到教学的专业环境中并不容易。例如，有的教师关心学生成长，热心帮助学生，在课堂上特别关注学业落后的学生，经常用点名提问的方式督促他们认真学习。而在这样的场景中，可想而知学生处在一个什么样的心理状态。因此，有必要通过专业伦理教育帮助教师从个人基本的伦理理解转化为专业伦理，坚持平等尊重原则助力学生发展。

三、教学技能工作坊本土实践的探索与推进

为了解决教学技能工作坊项目发展中存在的问题，达成以上目标，本土实践主要从两方面进行探索。

（一）发展元认知，强化思维模式

为了帮助教师发展对自己教学的元认知，必须引导教师反思自己的思维模式、自己原有的信念以及教学中出于本能的思考。这些思维习惯通常是教师工作和生活的常态，日用而不自知。因此，进工作坊前请学员教师填写问卷，思考参加工作坊的目的和目标；工作坊期间，要求参与者每天撰写反思日志，小组交流，第二天还会选择出特别突出者分享日志写作经验，督促和提高反思意识和反思写作水平；项目结束后对活动和体验进行回顾和反思。通过这一系列的自我反思活动，将自己的认识和思考都显性化了，当教师查阅自己的自传，就好像开始了与自己的对话，了解自己固有的观念、思维模式，开始检验它们的准确性和合理性。

第一，强调学习者视角反思。高校教师都是学科专家，在日常教学中他们的学术成就使得教师无法真正体会学生的学习体验。在 ISW 项目

中，每个学习小组按照学科、工作单位、职称、性别、教龄等信息最大差异化分组。因为学科差异，在迷你教学环节，在上一个循环中学的是自己学科或相近学科内容，其学习感受就像“学霸”，而在下一个循环中学的可能就是自己非常陌生的领域中的知识，其学习感受瞬间变为“学渣”，“学渣”最不喜欢的就是被提问时那种害怕、尴尬和受惊吓的感觉，把这种感觉反馈给教师，教师才会对他们最常用的问答式互动方式进行反思，认识到这种问答式教学有着潜在的压抑性的特征。[5]

“以学生为中心”已是一个公认的教学理念。但在实际教学中，教师习惯采用的是问答式互动方式。这就是陈向明教授提到的“信奉理论（espoused theory）与使用理论（theory-in-use）的区别”。教师只有充分体验到被提问时的焦虑、羞愧、苦苦挣扎，才能理解学生的无助，形成对学生的同理心，才能真正改变师生关系和对待学生的态度，考虑到学生的学习障碍和焦虑，从而帮助教师调整教学行动。在工作坊中，学员与教师互为学习者，从学习者视角反馈，学习者可以将自己学习的感受和希望分享给教学者，教学者既听到了学生的声音，同时又得到改进的建议。

第二，重视同行交流，促进批判性反思和迁移。在日常教学中对教学的反思除了个人反思，最多的机会可能就是同行研讨，如教研室教学研讨、教学团队研讨、学科教学研讨活动等。通过交流可以让我们注意到教学实践中那些在正常情况下不易察觉的一些方面，面对同样问题有不同理解，帮助我们用新的眼光来看待自己的教学实践。当然，这种交流还需要防范教学的集体思想（groupthink）的风险。[6] 因此，在教学技能工作坊中设置了多种形式的同行交流机会，进行批判对话。每天迷你教学结束后，有小组活动总结；教室里专门布置问题区，鼓励教师提出问题和解答问题；在每天的大组活动时间设置问题解答环节。当教师提出自己的问题和疑惑，就获得到其他教师的回应。

第三，加强教育理论学习，提升理论洞察能力。大学教师是学科专家，更擅长学习和分享自己的学科知识，对教与学方面的文献缺乏了解。但是，阅读这些理论文献可以帮助教师了解新的方法策略和最新动态，可以通过理论框架帮助理解自己思考的局限性、提供看待熟悉事物的多种观点，可以对一些教育现象加深理解，知其然，知其所以然。ISW 项目是通过专家将晦涩难懂的教育理论，转化成一种简单易行的 BOPPPS 模式，通过刻意练习，改进教师教学设计的心理过程，在短时间里提高教师教学技能，提高教师培训的绩效。引导员却不能仅从流程上反馈 BOPPPS 各个环节是否完整，要洞察模式所蕴含的理论，理解各要素之间的逻辑关系。在教学技能工作坊中，运用 BOPPPS 设计的学习风格理论是最经典的主题学习活动，巧妙地展示如何运用 BOPPPS 模式进行日常教学和理论教学，帮助教师运用理论视角理解学生的不同学习行为，认识教师自己的教学风格。

（二）增加课程思政、教学伦理等方面的创新和实践

主题学习活动是 ISW 项目中重要学习内容，每个工作坊项目的主题学习活动内容都有可能不同，是最彰显该项目“以学生发展为中心”理念的重要部分。根据本土需要，做了以下两方面的创新实践。

第一，聚焦课程思政教学设计和反思。在教学技能工作坊项目本土实践过程中，增加了课程思政目标设计主题学习活动。如何把握课程思政建设的方向和重点？在教学技能工作坊第一天教师都已经实践了自己的 10 分钟的迷你教学，第二天请教师们通过一个工作单反思教学目标的设计，分析教学目标到底属于哪一个类别。这个工作单列表上有世界观、价值观、团结合作、个人职业胜任力、身心健康、学科价值认同等目标分类，教师们用记事贴将自己的教学目标进行分类粘贴，粘贴完后教师们会忽然发现，相当一部分教师的课程目标停留在对学科价值认同、身心健康和团队合作上，教师们关注的是知识的传授、学术能力的培养，而往往忽视了情

感、态度和价值观的培养。当然，也有教师提到要培养学生的家国情怀、责任担当和工匠精神等，这些目标都非常宏大。如何将这些宏大的国家人才总体目标分解为我们的教育目标和教学目标？我们尝试将教师们常用的一些词汇罗列在一个表格里，对应着将这些宏大的总体目标细分为可操作、可测量、可评估的一些教学目标，这个主题活动深受教师们的欢迎，对课程思政教学设计进行了集体的深度反思。

在教学技能工作坊反馈环节，引导员如何引导对课程思政教学设计的反思呢？下面以笔者个人指导的一个具体案例说明。10分钟迷你课程的内容是讲木质人造板材，教师设计的教学目标是“培养鉴别能力”。从这个目标的陈述当中，很难看出教师的课程思政价值目标，但是，通过与教师对话和与学习者交流反馈，我们发现了教师的教育初心。

在与学习者小组口头反馈环节中，问参加学习的学习者：“您觉得学了这个内容有什么意义？”小组内共有三位学习者。A从保护环境的这个角度说：“用各种裁下来的木屑、木片，又重新制造成家具，这样可以保护更多木材，可以让这个社会更加环保。”B说：“市场非常混乱，那我学到以后就可以鉴别市场上各种产品的优劣了。”C说：“这个一定要诚信，是什么材料就一定要标注什么材料。”由此看到，学习者不同生活经历和学科背景，对同样的知识点有不同的意义建构。

而我在与教师的对话中询问：“您当初设计的这个‘培养鉴别能力’到底是什么意思？”她说：“我们一定不能以次充好，是什么样的材料就应该使用什么样的材料，要标注清楚。”通过这番对话就会发现教师自己的教育初心，即从学科角度进行专业伦理教育，生产这种板材一定要按照标准去生产。而教师在讲这个内容的时候，其他的学习者会从自己的视角看到这个知识点的社会意义和价值。所以，通过我们这种从学习者的体验当中去反思的时候，就帮助教师发现了更多的价值目标。另外，也能够挖掘出我们教师自己的一种深藏的教育初心。在日常教学中，这种初心是闷在心里的，然后在教案中就变成非常简短的一句话“培养鉴别能力”。因此，在迷你教学反馈中，充分发挥ISW项目的特点，从学习者学习体验中反馈，可以更好地帮助教师对个人教育价值观的反思。

第二，通过案例讨论，提高教师教学伦理敏感性。为了便于教师理解掌握高校教师教学伦理原则，在查阅研究文献和中外各高校管理章程的基础上，根据大学教师教学生活中各方面特点，形成了三个方面的教学伦理原则：(1)学科教学胜任原则。高校教师应该有终身学习意识，伴随学科知识发展，不断自我充实，科研反哺教学。教师还应该钻研教学方法和策略，关心学生学习兴趣与成果，促进学生自主学习，不断更新信息技术，提高教学有效性，在学科教学方面遵循学科学术胜任原则和教学胜任原则。(2)学生发展助力原则。高校教师不仅要“教书”还要“育人”，教师的一个至关重要的责任是必须致力于学生全面发展。亲其师，才能信其道。教师需要遵循平等尊重原则、有效评价原则、审慎处理敏感话题和隐私保密等原则，助力学生全面发展。(3)人际和谐、以身示范原则。高校教师应致力维护教师与学生、教师之间以及教师与学校之间的和谐关系。“师者，人之模范也。”教师应重视校园生活的教育效果并以身示范，教师之间通力合作，互相成就教学荣誉。师生交往中，应避免双重关系，特别是杜绝任何的骚扰、不当之举。

教学实践中的伦理问题是相当复杂的，工作坊主题学习活动从以上三个方面选取了典型案例进行分组讨论，例如教学过程中有关公平打分，学生参与教师科研团队活动形成的双重关系，关注学生个别差异，处理学生问题行为，教学内容选择等一系列问题。在日常教学实践中，这些问题都可能使教师陷入困境，又常常构成了教师日常工作的一部分。在讨论活动中，教师首先需要发现案例中是否存在伦理问题，通过推理判断违背了什么伦理原则，提出短期解决方案和长期解决方案。在这些复杂的问题情境中，没有唯一的解决方案，教师带着各自的生活经验和价值观点提出不同的解决方案，在这种赞同、否定甚至冲突的讨论中，提高了教学伦理敏感性。

四、结论与反思

马克思主义的哲学观对教育的指导意义在于教育不仅是理解世界，而且要改变世界，课程教学的目标就要引导学生关注社会，投身到社会建设中，这种改变需要教师的共同努力。教师自己固有的观念、个人的生活经历、看待世界的视角影响着对学生的理解，对教学的理解，对教学目的的理解，决定了教师的教学行为。因此，教师教学发展项目如果用道、法、术、器四个层面描述，一定要摆脱教学技能层面模式化的束缚，进入对价值观和教育信念的探索中。

通过对每天的学习活动中的情感高峰体验的反思，转化为教育的行动计划。在每天的反思日志中，教师们需要思考以下这些问题：在今天的学习过程中，令您印象最深的一件事情是什么？请详细描述事件的过程。为什么这件事情令您印象最深？哪些地方触动了您？您当时有什么样的内心活动或情感反应？对您或您以后的教育教学有什么意义？有哪些新的想法或行动计划？为此，为促进对“道”的认识，各种反思工作单被创造出来，在“术”和“器”的层面帮助学员反思，用可视化的形式呈现出来。

教师通过与理论文献对照、与同行交流，特别是从学习者视角得到的反馈和反思，让教师们更清晰地洞察自己所秉持的教育信念和教育行为之间的差距，促使自己反思过去那些“日用而不自知”的教学策略，或多或少反映出的伦理问题，提高了教师的伦理敏感性。看待学生的错误不再是批判的视角，而是思考学生需要帮助；听到学习者害怕、焦虑和痛苦的学习体验，反思在我们的教学行为中，什么因素可以减轻这些痛苦，关爱和尊重学生，平等对待学生。

引导工作是助人自助的过程。引导员通过与参与者对话，对教学中存在的问题进行讨论，不断反思，逐渐提升教学能力。爱因斯坦说：“你能不能观察到眼前的现象取决于你运用什么样的理论，理论决定着你到底能够观察到什么。”因此，引导员教师还要不断学习，提升理论修养，理解 BOPPPS 各要素之间的逻辑关系，熟练驾驭 BOPPPS 模式，秉持中立的态度，帮助学员从学习体验中深度反思。工作坊中的形成性评估和总结性评估是项目发展的源泉，在本土实践中既是创新的起点，又是创新的落脚点。

教学技能工作坊安全的环境但充满挑战的经历，促进了教师的深刻反思和价值探索。教学是一个复杂的过程，教师教学发展活动不仅是教学策略的改变，而且是对教学认知的改变。在教学技能工作坊创设的真实教学环境中，在这个真实的教学过程和即时的反馈过程中，呈现出教师的教育初心和应该有的知识和技能。

参考文献：

[1] Instructional Skills Workshop (ISW) Network Executive .The Facilitator Development Workshop (FDW) Handbook [EB/OL] . https://www.iswnetwork.ca/.

[2] ISW Network Executive. The Instructional Skills Workshop (ISW) Network Description [EB/OL] . https://www.iswnetwork.ca/.

[3] 安德斯·艾利克森（Anders Ericsson），罗伯特·普尔（Robert Pool）. 刻意练习：如何从新手到大师 [M]. 王正林，译 . 北京：机械工业出版社，2016：33.

[4][5][6] Stephen D. Brookfield. 批判反思型教师ABC[M]. 张伟，译 . 北京：中国轻工业出版社，2002：37；72；8.

Reflection on Local Practice of Instructional Skills Workshop

LI Saiqiang

(Shandong University, Jinan, Shandong 250100, China)

Abstract: One program, Instructional Skills Workshop (ISW) initiated in North America, will be introduced in this article. It has been adopted by many Chinese colleges and universities in recent years. The advantages of the program will be introduced and the local practice will be also shared based on the challenges and phased needs of faculty development in China. The author suggests guiding feedback from four different and interrelated perspectives including students, colleagues, personal experience and theory to promote participants' critical reflection. It goes beyond the imitations of instructional strategies and integrates the reflections on educational values and belief, which has strengthened teachers' awareness of instructional ethics and abilities of value education through curriculum, and results in promoting the innovation of instructional strategies.

Key words: Instructional Skills Workshop(ISW), Value Education Through Curriculum, Principles of Instructional Ethics, Reflective Perspective, Local Practice

（责任编辑：汪海清　苏娇）

（上接第 46 页）

On the On-Site Learning of Trainee Teachers

SONG Jianjun

(Shanghai Changning Institute of Education, Shanghai 200050, China)

Abstract: The on-site learning is an essential way to make trainee teachers competent for their jobs. The on-site learning includes teacher-student interaction, joint lesson preparation, lesson study, course training, project research, etc. In the process of on-site learning, trainee teachers need to take several steps, such as multi-information perception, decontextualized learning, recontextualized learning, transformational learning, creative learning and so on. The main ways of on-site learning are imitation learning, inquiry learning, reflective learning, etc.

Key words: Trainee Teacher, On-Site, Study

（责任编辑：周琛溢　苏娇）

教学技能工作坊中的“隐性”引导

石君齐
（北京师范大学教育学部　北京　100875）

[摘　要] “隐性”引导是教学技能工作坊（ISW）中一种推动教师自主学习的干预方法。教师培训者秉承阿吉里斯的第二型使用理论，首先注重对培训中人际关系的把握，弱化教师“被操控”“被干涉”的感觉，通过构建不得不行动的真实问题情境，为教师学员提供基于事实的反思框架，以中立姿态促使教师的个体责任回归，主动发生改变。“隐性”引导培训者的养成需要教育实践者或理论研究者朝向二者融合的方向努力，通过对教师学员发自内心的关怀、尊重实现理论话语与实践话语的灵活转译和贯通，使引导既能植根于丰富真实的案例库，又能捕捉问题要害。在“隐性”引导中，教师学习不再以知识、能力获取为目的，而是呈现为一种对教育情境的独特回应，最终促使教师有勇气和能力提升教育行动的开放性。

[关键词] ISW　教师培训者　“隐性”引导　行动科学　弱教育

一种常见的教师培训观念是，教师参与培训是因为欠缺某些知识和能力，考察教师培训是否富有成效的标准是培训者能否将所需的知识和技能高效传递给教师。这显然曲解并低估了教师培训者的关键角色。教师作为成人，是为了找到自己究竟想要什么和需要什么而参与到培训学习中来[1]，教师培训者不是把商品交付给顾客的店员，而是陪伴教师实现这一目标的支持者。作为促进大学教师发展的一种有效途径，教学技能工作坊（ISW，Instructional Skills Workshop）即为此类培训的典范。ISW的培训者通常称为引导员（facilitator），学员在引导员的带领下开展大组活动和小组学习，并通过三次迷你授课（Mini Lesson），以学习者身份互相给予并接受教学反馈，对教育事件或现象进行观察、研讨和反思。虽然ISW的迷你授课循环与常见的实验室实习方法——微格教学（Microteaching）的流程类似，但却具有本质差异。其一，二者背后的理论与实践观不同。微格教学秉承先学理论后实践应用的观念，多作为学员强化某种外在理论或技能的附属实践训练环节，而迷你授课循环则是工作坊的核心——一个教育意义展开的场域。教师的理论学习和实践探究不分先后，恰是在知行往复的循环中，教师有了多角度审视和反思自

作者简介： 石君齐，北京师范大学教育学部博士研究生，教学技能工作坊（ISW）、引导员发展工作坊（FDW）国际认证培训师，主要从事教师发展、教育技术基本理论研究。

己教学的机会。其二，微格教学遵循的是专家模式，由专家指导、评判学员表现，ISW 则属于广义的同伴教学咨询，担任引导员的专业人员多为教师同行。与其他领域的咨询服务类似，工作坊的目标不是在专家指导下使受训学员达成统一标准，而是通过协助教师收集各个视角的教学反馈，提高教师的反思能力，从而为教师提供个性化的教学发展支持。

教师同行作为引导员并不意味着 ISW 等同于教学经验交流会，更不意味着成为引导员的门槛很低。事实上，ISW 是一个实践性很强的领域，引导员工作具有极强的专业性，如何在动态多变、错综复杂的培训现场，构建安全的环境、促成平等对话、推动教师深层次探究是一大难点。实践表明，仅仅通过模仿 ISW 形式，将其视为教师同行带领的教学观摩与探讨，很难取得令人满意的效果，甚至还容易在培训现场陷入争执或敌对。该工作坊的独特之处在于教师培训者的“隐性”引导。“隐性”引导不同于一般意义上的带领讨论，它首先关注的是人与人之间的关系，强调构建安全、信任的环境，其次才关注学习的内容，鼓励教师在情境中“做中学”，为教师构建多种反馈渠道，培养教师的持续性反思学习能力。本文将探讨“隐性”引导的内涵、发生条件和“隐性”引导培训者的养成，以期为国内教师教学培训项目开发与实施提供借鉴。

一、“隐性”引导的内涵

研究表明，像 ISW 这类需要教师具身参与的培训，其效果不仅受培训者专业知识与培训内容的影响，更依赖于一系列的其他作用因素，如教师学员的动机和需求、组织机制文化、学习环境、变革空间等。[2] 后者导致了复杂多变的动态问题情境，培训者的专业性体现在灵活、恰当应对。如果培训者应对得当，这类培训的优势可以充分发挥，不仅能使教师有主人翁感，促进教师的自我反思，提升教师的元认知水平，还能为不同的教师群体提供交流互动的机会，促进上下级的沟通，甚至革新组织文化。如果培训者应对不当，此类培训或沦为热闹但意义不大的游戏，给学员带来获得感弱、效率低的不良体验；或因培训者害怕冲突、场面失控，陷入一种学员看似“参与”、实则“被参与”的境地。

在 ISW 中，引导员通过“隐性”引导促进教师主动参与，推动教学探究与学习。引导的英文为 facilitate，是指“使一个过程或者活动的发生更加容易”。引导从本质上讲是一种人为的干预，目的是通过有意识的外界干预使教师的参与、反思及教学行动改变等更加容易发生；而“隐性”则强调弱化教师“被操控”“被干涉”的感觉，使教师感到舒适而自主。在缺乏干预的条件下，教师的反思内容和反思层次在很大程度上依赖于个体的悟性，并且容易因缺乏有效指导而陷入已有观点的自我强化之中，囿于一种自我确证的循环，这种反思是无效的。帮助教师打破自我确证的循环并非易事。研究显示，安全的支持环境有助于教师主体性的发挥，有助于教师观念与行动的改变。[3] 由于“隐性”引导的对象是成人学习者，教师作为成人学习者特别需要自主感，而非被控制感。“隐性”引导首先注重对人际关系的把握，即培训者在培训中通过语言、非语言行为及教育环境设置等方式巧妙构建安全的环境，打开教师的思路，为教师自主联结教育理论与教学实践提供支持，帮助教师真正做到知识与能力的内化，从而获得处理真实教学难题的能力。[4]

“隐性”引导为什么被视为教学技能工作坊的核心要素？接下来，将结合教师培训中常见的典型案例——培训者如何对待“不配合”培训的学员，说明“隐性”引导的独特性和必要性。

某次培训中，张老师一直在玩手机，对培训内容丝毫不感兴趣。培训者颇为不满，当面指出张老师的错误并要求他配合培训。张老师不仅认为培训者没有资格教育自己，还抱怨培训内容无用、培训安排不合理，甚至指责培训者根本不懂一线教学。张老师的反抗行为激发了培训者的负面情绪，培训者十分恼火。在这种情况下，培训者通常有三种行动策略：其一，利用权力压制，迫使张老师屈服；其二，漠视张老师，认为张老师既然不想学就不用管他，没有必要和他较劲儿；其三，团结其他学员，试图利用群体压力引起张老师态度的转变。究竟哪一种策略是上策？

培训中难免会遇到抗拒参与的教师。上述案例中，第一种行动策略很可能进一步激发张老师的反抗情绪，使培训者陷入丢面子的情境，影响其他学员的学习体验。因此，大多数情况下，培训者会选择更为安全的第二种行动策略，避免正面冲突，默认张老师边缘化地沉浸在自己的世界。有时，培训者很想挽回自己的面子，但又不希望与张老师发生正面冲突，便会采取第三种行动策略，团结其他学员向张老师施压。然而，在组织行为学家阿吉里斯看来，这三种行动策略均会导致培训者和张老师的双输。

阿吉里斯对于人类行动理论的划分可以很好地解释"隐性"引导。阿吉里斯承袭杜威和勒温的思想，认为人是自己行动的设计者，人们的具体行动中存在两种类型的使用理论。第一型使用理论的践行者非常在乎目标的达成，觉得输是一件很丢人的事情，在与人相处时希望能控制局面，以尽可能成功、避免失败为目标，往往利用理性压制负面情绪。比起自己的输赢，第二型使用理论的践行者更看重有利于改进现状的有效信息，认为控制权并不专属于一人，而是大家公开共有的，每个人都应该承担起自己的责任，重点是改善目前的问题处境。[5]在培训中，秉持第一型使用理论的培训者热衷于"操纵"教师，容易激发人与人之间的矛盾；"隐性"引导培训者践行的是第二型使用理论，旨在尽可能降低团体互动中的个体防御，转而关注有利于改进现状的有效信息，从而"协助"教师改变。

由此可见，上述案例中的三种行动策略均为"操纵"而非"协助"。ISW的学员多为大学教师，他们往往具有很强的自主性和批判性，一旦培训者的处理欠妥当，让他们感到自己的学习和行为是被他人有意识操控的，大多数情况下，他们为了维护自身，就会选择冷漠待之，甚至拒绝参与。究其原因，培训者往往更关注培训的知识内容与进程控制，不会在培训现场的人际关系方面耗费太多精力。这种观念所隐含的预设是，"教师既然来参加培训，自然应该遵循培训的规则并主动学习，否则便不是好学员"或"学习是个人的事情，既然学员自己不想学，我也没有必要强迫他学"。但是，"隐性"引导要求培训者同时关注培训的知识内容和人际关系，在培训现场平衡知识内容和人际关系两个维度。其中，对人际关系的把握并非通过"操纵"进行，若培训者旨在单方面控制局面，尽可能保留面子，抑制消极情绪，试图使损失最小化，反而会遭到教师的强烈反抗。[6]在上述案例中，虽然培训者希望获得学员发自内心的支持，但他所使用的操控策略却让学员首先处于一种服从、被动和依赖自己的地位。很显然，行动目的和行动策略之间是矛盾的。这就是教师学员感到被冒犯、培训者本人也觉得未被尊重的原因。

因此，培训者与教师的交流不仅取决于培训者本人的知识学识，更取决于培训者的态度和目的：培训者是在"操纵"学习者还是在"协助"他们学习。[7]真正的"参与"不是被动的、有物质条件驱使的，而是教师主动自发的、平等的、互动的。[8]关系层面的不安全会激发教师的个体防御，使其拒绝接纳新观念、抗拒进一步的改变，人际关系层面的"隐性"处理是教师开展学习的基础性条件。"隐性"引导建议培训者采用第二型使用理论，通过设计情境让教师清晰地看到自己的行动结果、检验自己的原有假设，同时为教师提供自由选择的机会及充足的信息，从而促使教师主动承担起参与、学习的个体责任。只有首先处理好了人与人之间的关系，即培训者自身的行动不能威胁到教师主体行动的有效性，让教师学员感到安全、舒适，卸下防御的盔甲，他们才能主动学习。在"隐性"引导过程中，教师学员对引导员人为干预的感觉是舒适的，不会将"干预"理解为"干涉"，有时甚至会忘记培训者的存在，培训结束后，他们会觉得成果是自己完成的。这才是真正的"隐性"引导，正如老子所言，“太上，不知有之……功成事遂，百姓皆谓我自然”。[9]

二、“隐性”引导的发生条件

一位卓越的“隐性”引导培训者具有热情、开放、宽容的态度及敏锐的人际洞察能力，既允许学员开放讨论，自己灵活回应，促使参与者调用已有经验，产生新想法和新行动，又能巧妙化解抗拒，保证培训进程顺利流畅。不可否认，培训者的个性是影响“隐性”引导实践的要素，具有人文关怀精神的培训者可能更擅长“隐性”引导工作。但“隐性”引导不是一个完全依赖培训者个体经验的黑箱，而是可以通过精妙的行动设计，依托有组织、有结构的培训框架触发的。在ISW中，“隐性”引导的产生一方面得益于工作坊的设计；另一方面得益于培训者的实践智慧。经调查，引导员普遍认为工作坊本身的设计就可以保证70%至80%的培训效果，一个精妙合理的教师培训设计本身就可以规避若干阻碍教师学习的人际冲突，使“隐性”引导更加流畅。“隐性”引导发生机制中最为重要的是三个基本条件：不得不行动的真实问题情境、基于事实的反思框架、引导员的中立姿态。前两个条件是从工作坊设计层面为“隐性”引导建立的外在保障，中立姿态则是源自引导员自身的内在保障。

（一）开启：不得不行动的真实问题情境

教师教育从铸造教师生活的情境和经历入手往往会取得更好的效果[10]，故真实问题情境的设置在教师培训中颇为常见，表现形式多为培训者先提供真实案例或请教师分享真实的困境，再依据某一理论或方法展开讨论。这类讨论的好处在于能通过理性思辨转变教师的思想观念，可有时也有纸上谈兵之嫌，很难帮助教师实现从理念到行动的跨越，致使很多教师回到自己的课堂后依然不知如何做。在ISW中，对教师产生较大影响的迷你授课循环实际上也是一种真实的问题情境。这种问题情境的独特之处在于，教师不仅需要进行认知层面的讨论，而且面对问题解决的急迫性，不得不去亲自行动。实际上，教师具有丰富的教学经验和生活经验，亦具备自主反思、问题探究的能力，只是因为各种内在或外在的原因不愿意迈出第一步。不得不行动的真实问题情境就像一把无形的手，在教师身后起到助推作用。“隐性”引导帮助教师迈出自主学习的第一步。

既然“隐性”引导的目的是使教师自己“从未知到已知”，而不是由培训者带领教师“从未知到已知”[11]，真实的问题情境便不能由培训者抛给教师，而应由教师自己生成开放情境。为了使教师自主发起探究，“隐性”引导培训者需要在培训中创设一个与教师面临的工作情境相似、与教师本人非常相关，但又亟待解决的、不得不面对的困惑情境。问题情境的真实性体现为给教师带来的困扰的真实性，即能够在培训现场给教师学员带来认知或行动困扰——这种困扰也同样存在于教师的日常教育教学中。因此，培训中的问题情境可以是模拟的，但困扰体验必须是真实的。通过现场生成的困境，此次培训试图帮助教师解决的问题能够真实地浮现出来，从而迫使教师不得不想办法解决。如此，教师便迈出了自主学习的第一步。值得注意的是，“隐性”引导创设的问题情境必须是开放的。开放的问题情境意味着很多时候培训者也不知道这个具体困境的答案，也在与学员一起挣扎。[12]

教学技能工作坊中的真实问题情境是请教师为同组学员讲授三次十分钟的迷你课程。迷你课程并非同行之间的“说课”或“讲课展示”，而是要求同组学员以学习者的身份真实参与授课教师的课堂，共同达成教学目标。课程结束后，同组学员将自己作为学习者的体验反馈给授课教师。三次迷你授课循环是所有学员都必须参与的学习环节。所有进入迷你授课循环的教师都要面对两个对教师主动学习有极强推动意义的“不得不”。首先，教师的教学实践具有在场性，教学方法要在情境中通过试错习得。教学实践的在场性很像表演，对于表演者来说，不怕犯错是很重要的，因为他们一旦登台，就算犯了错误也不能呆若木鸡地停下来。[13] 教师在迷你授课循环中不能中断，遇到任何突发状况都不得不继续教学。这短短的教学时间能够充分调动教师的实践智慧，使教师充分展现自己平日教学的优势和不足。其次，作为一种人类实践活动，教学具有不完善性，任何教学者在教学结束后都会感到有遗憾和待改进的地方。由于 ISW 在三天中设置了三次迷你教学练习，每一天的迷你教学练习都需要体现对前一天教学反馈的吸纳和改进，授课教师希望做得更好的意愿和学习者对自己下一次迷你教学的期待使教师不得不在教学中做出改变。迷你授课循环中教师的困惑往往是其平日教学的困惑，这个环节可为后续的反思提供丰富的素材。

（二）推进：基于事实的反思框架

如果真实的问题情境是邀请教师进入自主学习的起点，基于事实的反思框架就是培训者引导教师反思与行动的框架。在教师培训中经常遇到的一个问题是，请学员分享时，学员不敢说话，或喜欢说官话，缺少自己的个性化语言。为什么？实际上，大部分教师对于发言有一种畏惧心理，害怕自己的观点不正确，怕说出来被同伴笑话，而说官话则是一种自我保护。这一问题恰恰可以通过“隐性”引导的设计得到一定程度的规避。为了鼓励教师主动表达真实想法，避免教师陷入害怕说错的恐惧，“隐性”引导所采用的反思框架是基于事实的。当教师学员面对一个基于事实的反思框架时，他的发言将首先围绕“刚刚发生了什么”来展开。回忆与分享“刚刚发生了什么”，对于教师学员来说是一个安全发言的开始。

教学技能工作坊中所用的反思框架是 BOPPPS 有效教学模型。BOPPPS 有效教学模型把有效教学分解为六个连续的环节，即导入（Bridge-in）、目标（Objective/Outcome）、前测（Pre-assessment）、参与式学习（Participatory Learning）、后测（Post-assessment）、总结（Summery）。与其他教学设计反思相比，BOPPPS 的独特性在于，六个环节对应的是迷你教学练习中实际发生的事，每位教学的参与者都可以根据自己的所见所闻表达观点，而不用担心说错。ISW 的目标是在短时间内提高教师的教学胜任力，因而要求学员统一使用 BOPPPS 有效教学模型来备课和授课，针对教学的反思也依据这六个环节展开。迷你教学练习反馈中的讨论往往从“BOPPPS 某一环节发生了什么事”“这件事带给你什么样的感受”开始。由于事情是团队成员有目共睹、一起经历的，以事实为内容发言对于发言者是很安全的，会大大降低其说错、被嘲笑的风险，从而降低人与人之间的个体防御。小组成员基于最大化差异分组，不同学员的立场和关注点不同，即使面对的是同一教学事件，不同学员的关注点也是不同的，但呈现的皆为事实。引导员的角色是鼓励所有团队成员积极发言，挖掘学习者的感受，呈现给授课者；如果有必要的话，再从事实过渡到观点，从而使授课者从不同的角度审视自己的教学。在诸多信息的碰撞中，大多数情况下“隐性”引导者无须多言，授课者对于自己教学的优点和不足自有判断。

（三）可持续保障：引导员的中立姿态

以上两点皆属于“隐性”引导的培训设计保障，而“中立姿态”则是对引导员的要求，是“隐性”引导可持续进行的保障。参加过 ISW 的教师都了解，工作坊对引导员有一条强制性要求——引导员应该始终保持中立，不可为教师的教学提供直接的反馈意见，如直接告知教师本人哪里做得不好、该如何改正。虽然对于教师培训者来说，保持中立姿态很难，但这恰恰是“隐性”引导能够成功实现的核心要素。不少引导员在培训时有类似的困惑，“我看到他（授课者）那样讲不对，我实在是忍不住，非常想告诉他该怎么做”。可是，很多情况下，一旦引导员如实表达了自己的想法，团队其他成员往往不敢表达了。中立姿态能使学员不排斥引导员，愿意和团队一起完成培训任务。在保证教师学员愿意参与的条件下，学员依靠自己及团队的经验与智慧，借助培训设计的前两点——“不得不行动的真实问题情境”和“基于事实的反思框架”，确实能够保证 70% 至 80% 的培训效果。培训者过分干预，反而会引起教师的抵抗，使培训效果大打折扣。

引导员保持中立姿态的定力来自引导员的信念，即相信每位教师都有自给自足的能力，能够自己解决问题。可以说，中立的本质是个体责任朝向教师的回归，使教师做出内在承诺，承担起对教学的责任。秉持第一型使用理论的培训者最容易犯的错误，就是将自己认为对的和好的内容强加给教师。强加给教师实际上是一种操控，培训者认为的“我是为你好”，是以牺牲学员的自主性为前提的，这一逻辑存在双重束缚的行动悖论。[14] 引导员只有借助第二型使用理论，以中立的姿态引导教师，给教师足够的尊重和信任，充分展现培训现场的问题及背景信息，拒绝将教师本该承担的责任转嫁到培训者身上，才能为教师提供发展的空间，使教师充分发挥自身的主体作用。

三、“隐性”引导培训者的养成

从 ISW 设计可以发现，承担“隐性”引导工作的引导员扮演着非常重要的角色。引导员不同于一般意义的教育专家，只要具备足够的学术知识即可。ISW 创立之初，由教师同行担任引导员。彼时加拿大正处于高等教育大众化阶段，面对大量需要提升教学能力的新任大学教师，教育专家相对匮乏；而且，该培训面向的是大学教师，课程专业壁垒高，教育专家不仅很难为教师提供有针对性的教学指导，反而还可能产生阻碍。因此，ISW 一开始便创立了引导员由具有教学经验的同行担任的规则。只要引导员能够保持中立姿态，按照流程带领讨论，依照基于事实的反思框架，教师学员的大部分教学优势与问题便能够得到呈现和讨论。然而，这并不意味着引导员不需要教育理论的功底。从近年 ISW 在国内推行的效果来看，卓越的“隐性”引导培训者是理论和实践兼备的教育热爱者，他们能够在理论话语与实践话语之间灵活转译，帮助教师建立理论和实践的联结。

既然卓越的“隐性”引导培训者处于实践与理论融合之处，就意味着只要实践者和理论者朝着融合之处行进，均有可能到达。由于 ISW 的创始和引入国内均源于各自大学教师发展实践的需求，先由实践者探索，有成效后才获得更多学术关注，目前大多数引导员都是从实践者（如一线教师）入场，走向实践与理论融合之处。接下来，将以这一路径为例详细说明“隐性”引导培训者的专业发展阶段。

与理论研究者不同，教育实践者（如一线教师）的灵感和直觉并不是由方法技术和理论逻辑说明来支撑的，而是由他们熟悉的一系列的教学案例、情境及与之配套的理解、行动等支撑的，这是他们编码和提取实践性知识的方式。这显然更符合实践的思维方式。在充满不确定性的真实教学情境中，教学问题并不是按照科学理论中的假设和原则的模样出现在教师面前，而是情境化、模糊、复杂、令人困扰和不易理解的。舍恩认为，实践者有一个囊括了各种实例、形象、理解和行动的资料库，他们在处理新情境中的问题时会借助过去的经验。如果他们认为目前的情境和资料库中的情境很相似，便会采取相似的行动。这样的一种能力使实践者在面对不符合已知规则的新问题时，仍然有可以依循的感觉。[15] 由此，我们可以得出实践者朝向实践和理论融合之处发展的三个层次。[16] 一是实践与原始经验的积累，实践者不断扩充自己的资料库并积累理论知识。二是被动调用，当遇到新情境和问题时，实践者返回自己的资料库，采取相似的行动。如果缺少新情境和问题的刺激，实践者很难意识到自己资料库的元素，这一阶段的资料库对于实践者来说是默会的，新情境和问题同时发挥镜子的作用，帮助实践者了解自己的想法。三是主动调用，实践者已经构建起自己的理论逻辑、知识框架，能够在脱离情境时有意识地提取和调用，如果遇到新情境和问题，能很快调用所需资料，并能实现举一反三，从而在实践中做出最恰当的选择。

尚处于第一层次和第二层次的资深教师同行即使有庞大的资料库，如果只是案例的罗列，其知识处于自己都意识不到、讲不出来的阶段，他们的引导对教师成长的作用也是有限的。因而，从实践者入场的这条路径，需要实践者在不同的发展阶段有意识地加强与教育理论的对话。值得注意的是，理论对话不同于理论学习，后者更倾向于把理论作为外在的权威，而前者则注重基于自身的体验、经验内化理论，其途径并非静观式的知识学习，而是不断在知与行中进行理论研讨。如此，实践者才能提高理论和实践思辨意识，既不囿于理论权威，又不轻视理论作用，从容迈入第三层次，主动调用自己的资料库和理论资源。

与从实践者入场的路径相比，从理论研究者（如教育专家）到引导员的路径尚存争议。一种观点认为，引导员既然要求由教师同行担任，那么教育专家就不可以担任引导员；另一种观点认为，教育专家对教育教学实践有更深层次的理论思考，他们担任引导员能给教师更多教学指导。若回归 ISW 的教育理念，就会发现第一种观点是对引导员中立规则的盲从，第二种观点则是对引导员中立规则的不恰当改造。实际上，从理论研究者到引导员的路径是可行的，但是需要条件。ISW 秉承的“去专家”模式并不排斥把理论研究者作为引导员，更非排斥专家知识，它只是尽力规避专家光环对中立规则的破坏。专家知识是推进学习的重要资源，“隐性”引导者需要做的是不让专家知识成为权力的代言。在后一条路径中，理论研究者往往把理论视为对实践经验的总结提炼，信奉理论高于实践，擅长用论证过或试验过的理论解释实践并推广理论。这既是理论研究者之所长，也是其成为“隐性”引导培训者后最需慎重处理之处。与前一条路径——实践者基于实践困惑自然寻求、探索教育理论，以学习者的身份自然进入引导员角色不同，从理论研究者到引导员的路径需要理论研究者不断地返向自己和他人未经理论化、结构化的经验，对它们保持好奇和开放，真正践行第二型使用理论，对自己的中立态度始终保持觉察和自省。

总之，养成“隐性”引导培训者的两条路径殊途同归。教师培训者只有发自内心地关怀、尊重教师学员，才能将理论与实践贯通在一起，更有效地实施“隐性”引导，促进教师的成长。非常难得的是，ISW 系列项目看到这一点，并尝试通过引导员发展工作坊（FDW，Facilitator Development Workshop）和培训师发展工作坊（TDW，Trainer Development Workshop）等多层级培训不断提高引导员的专业水平，确保 ISW 活动的质量。

四、结语

以往，教师培训的目标是培养符合特定标准、具有特定品质的教师，教师参加培训学习的目的是获得符合标准的知识与能力。“隐性”引导下的教师学习并不是为了获得什么，而是关注“去获得”本身。如果将学习首先看作一种回应[17]，是教师对问题情境具有个体特征的独特回应，研究者就更容易理解“隐性”引导的魅力。由此，参与式教师培训将变成一种由教师掌握主动权的探询，“隐性”引导则使探询的过程更容易、更顺畅。教师启动“学习的获得模式”的前提是清楚自己的需求，但在真实的教育现场，教师很难分清哪些是因、哪些是果，不知道真正使自己困惑的是什么，它们是作为一个整体存在的。弄明白自己想要的或需要的，本身就是一种重要的学习体验。[18] 教师的教育行动永远不是对已逝事物的重复，对未来始终是开放的。[19] “隐性”引导的魅力正在于无条件地信任教师学员，为其创设体验和回应的环境，通过实施一种“有所不知”“有所不教”“有所不为”的“弱教育”[20]，使教师能够有勇气和能力始终致力于这样的开放性。

参考文献：

[1][17][18] 格特·比斯塔. 超越人本主义教育：与他者共存 [M]. 杨超，冯娜，译. 北京：北京师范大学出版社，2020：24；28；24-25.

[2] 陈向明. 参与式方法答疑 [J]. 教育研究与实验，2003（1）：56-61.

[3] Edmondson, A C. Strategies for Learning from Failure [J]. Harvard Business Review, 2011, 89(4):48-55, 137.

[4][16] 石君齐,叶菊艳. 论“实践—引导—反思”取向的高校教师专业发展路径[J]. 教师教育研究，2017，29（6）：81-87.

[5][6] 克里斯·阿吉里斯，罗伯特·帕特南，戴安娜·史密斯. 行动科学：探究与介入的概念、方法与技能 [M]. 夏林清，译. 北京：教育科学出版社，2012：73；65.

[7][8][10][11] 陈向明. 在参与中学习与行动——参与式方法培训指南（上册）[M]. 北京：教育科学出版社，2003：19；前言 2；2；3.

[9] 冯国超. 老子 [M]. 北京：华夏出版社，2017：35-36.

[12] 陈向明. 教师的顿悟式学习是如何发生的 [J]. 上海教师，2021（2）：44-51.

[13] 理查德·桑内特. 匠人[M]. 李继宏，译. 上海：上海译文出版社，2015：196-197.

[14] Bateson, G. Steps to an Ecology of Mind[M]. Toronto: Chandler Publishing Company,1972:206-212.

[15] 唐纳德· A. 舍恩. 反映的实践者：专业工作者如何在行动中思考 [M]. 夏林清，译 . 北京：教育科学出版社，2007：108-129.

[19] 格特·比斯塔 . 教育的美丽风险 [M]. 赵康，译. 北京：北京师范大学出版社，2018：195.

[20] 陈向明，安超，方明军，卢杨. 被打断的教育与自我唤醒的学习——陈向明教授叙事行动研究访谈录 [J]. 现代远程教育研究，2021，33（6）：3-11.

Implicit facilitation in Instructional Skills Workshop

SHI Junqi

(Faculty of Education, Beijing Normal University, Beijing 100875, China)

Abstract: Implicit facilitation is an intervention to promote teachers' autonomous learning in Instructional Skills Workshop. Adhering to Argyris type II use theory, teacher trainers firstly pay attention to the interpersonal relationships during training and weaken teachers' feelings of "being manipulated" or "being interfered". Then they provide teachers with a fact-based reflection framework by constructing real problem situations in which teachers have no choice but to explore, and finally promote the return of teachers' individual responsibility and autonomous change with a neutral attitude. The cultivation of implicit facilitation trainers requires educational practitioners or theorists to work towards the integration of the two, promoting the connection and transformation of theory and practice with a sincere care and respect for participants. Implicit facilitation is not only rooted in a rich and real case base, but also good at outlines the key problems. As a result, teachers no longer learn for the purpose of acquiring knowledge and abilities, but respond to educational situations, which finally urges them to enhance the openness of educational action.

Key words: ISW, Teacher Trainer, Implicit Facilitation, Action Science, Weak Education

（责任编辑：杜金丹　苏娇）

教学技能工作坊引导员知识发展的路径分析

周利云
（西南财经大学教师教学发展中心　四川成都　611130）

［摘　要］ 基于“同辈发展”与“校本发展”理念设计的教学技能工作坊项目依靠引导员维持其运行和推广。引导员在项目中主要扮演第一级工作坊的领导者、过程专家、知识的创新者与凝练者等角色，需要掌握的知识是实践导向的、开放的、动态的，大多是与 ISW 这个特定情境相关的隐性知识。培育引导员的核心是促进其项目相关知识的发展。项目生态中现已形成了正式的教学技能引导员工作坊和非正式的观察、复盘、群体经验与资源共享等知识发展路径。培育引导员需要将正式和非正式的知识发展路径结合起来，着重推动隐性知识的体系性转移、加强隐性知识的显性化、促进隐性知识与显性知识的整合。

［关键词］ 教学技能工作坊　引导员　知识发展

随着教师教学发展实践的深化，当前我国众多高校教师教学发展中心产生了促进教师个性化发展、自主开发教学工作坊课程、建设稳定的培训专家团队等业务发展需求。[1] 在高校教师教学发展中心突破“专家讲座”这种主流培训形式 [2] 的过程中，起源于加拿大的教学技能工作坊项目因具有体验式的学习方式、系统化的培训体系、同辈协作的校本推广模式等特征契合了上述期望，自 2013 年进入中国高校的视野以来迅速获得青睐，已成为部分高校教师发展的核心项目之一。[3] 如何培育能够有效实施教学技能工作坊的引导员，是我国高校推进该项目校本运行普遍面临的一个难点问题。现有国内外相关文献主要为教学技能工作坊项目背景、组织方式等方面的介绍性研究和“BOPPPS 有效教学设计模型”等项目核心内容的实践应用研究，仅有少量文献介绍了引导员的培训方式和加拿大引导员之间开展的学习活动，还需要进一步探究引导员的培育问题。本文将在分析教学技能工作坊项目推广模式与引导员角色定位的基础上，分析引导员知识的特征，整理项目生态中现有的引导员知识发展的主要路径，为我国高校培育引导员、推进教学技能工作坊项目校本化提供一定思路。

基金项目： 本文系西南财经大学 2021 年度中央高校教育科学改革专项资金资助项目“信息化背景下的教师专业发展知识管理研究”的阶段性成果。

作者简介： 周利云，西南财经大学教师教学发展中心教师，华中科技大学教育科学研究院教育博士研究生，主要从事教师教学发展、学生学业指导研究。

一、教学技能工作坊项目的推广理念

（一）三级培训体系

教学技能工作坊项目是一个包含三级培训的教师教学发展项目，由加拿大英属哥伦比亚省高等教育部在20世纪70年代末立项开发。其中，第一级的教学技能工作坊（ISW，Instructional Skills Workshop）旨在提升教师的教学设计与教学实施技能等综合能力；第二级的引导员发展工作坊（FDW，Facilitator Development Workshop）旨在把已完成第一级工作坊、教学经验丰富、有志于服务同辈教学发展的教师培训为带领第一级工作坊的引导员；第三级的培训师发展工作坊（TDW，Trainer Development Workshop）旨在把经验丰富的引导员培训为带领第二级工作坊的培训师。

在国内的文献与实践群体的用语中，尚未对ISW、ISW培训、ISW项目、ISW培训项目等简称形成统一的所指。文献中，有的用ISW、ISW培训、ISW项目、ISW培训项目表示包含三级培训的整个体系[4]，有的仅用其表示第一级的教学技能工作坊[5, 6]，有的则用其表示两种对象[7]；在实践中，人们的表述更加随意，没有形成统一的称谓。为避免混淆，本文参考黛安·莫里森和道格拉斯·克尔①论文中的术语，用“The Instructional Skills Workshop Program”指代三级培训体系，简称ISW项目。

（二）同辈协作的校本推广模式

ISW项目的培训体系设计及其推广模式建立在两个假设基础上。第一个假设是“能够对提升教学质量起到有效推动作用的力量就蕴藏在教育系统内工作的教学者身上”。[8]项目设计者认为，在教师群体中本身就存在一些追求成为“卓越教学者”的人，他们一方面有自我发展的生命自觉；另一方面也有助人发展的潜力。ISW项目的功能就是将这样的一群人吸引到一起并为他们创设一个聚焦课堂教学的情境。第二个假设是“让具备胜任力和获得了学校管理者批准的教师成为引导员比让项目指导者筛选引导员更好”。[9]学员地理位置分散、培训师资短缺、经费限制等现实条件局限使得加拿大英属哥伦比亚省高等教育部无法长期提供中央集中的教学培训来满足该地区高校大规模的教师教学发展需求，必须利用各个高校的组织力量和本地人员的个体力量。[10]

在这两个假设基础上，ISW项目把“同辈发展”和“校本发展”作为主要发展理念。三级培训体系的原始目的就是提高教师为同辈提供校本工作坊、支持同辈教学发展的能力。项目设计者认为，在获得高校管理者支持的前提下，如果将高等教育系统内部的人员调动起来，为他们提供一套可以结合学校情况灵活实施的“工具”，提升他们为同辈开展校本培训的能力，ISW项目就可能推动这些人自身及其周边同辈的发展，在各高校形成教师专业化发展的氛围，从而实现整个高等教育系统人力资源质量的提升。[11]在理想的情况下，ISW项目的推广模式为“涟漪型”（见图1）。随着引导员在其所在高校实际运行ISW项目，校内学员不断为引导员队伍补充新鲜血液，一个个由同辈引领的实践社区就逐渐形成了。

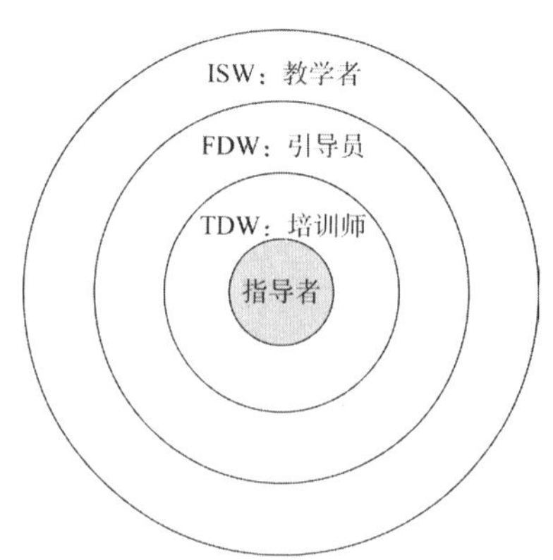

图1 ISW项目的“涟漪型”推广模式

① 黛安·莫里森是加拿大英属哥伦比亚省高等教育部建设ISW项目时任命的首任项目负责人，她也是项目开发参与者和项目的推广者，现为一名独立的培训师。道格拉斯·克尔时任温哥华社区学院职员发展顾问，受加拿大英属哥伦比亚省高等教育部委托开发了ISW三级培训体系。

二、引导员在教学技能工作坊项目中的角色

引导（facilitation）是二战后随着各行各业兴起参与式的工作范式而被广泛采用的一种群体互动促进技术。[12] 在企业管理领域的参与式管理、交互式会议等语境中，引导员是指通过设计和带领结构化的过程，来协助一个群体或团队为实现高质量的决策和达成高质量的共识而更加有效地互动的人员。[13] 在教育领域的体验式学习、团队学习等语境中，引导员是指通过参与性的体验来鼓励参与者学习的人。[14] 在 ISW 项目中，虽然三级工作坊的带领人都需要做引导的工作，但只有 ISW 的带领者被称为引导员（Facilitator），FDW 与 TDW 的带领者分别被称为培训师（Trainer）和指导者（Director）。

（一）校本 ISW 的领导者

在"同辈发展"和"校本发展"理念下，ISW 项目的运行与推广不依赖权威专家，而是依靠教学经验丰富且接受了 FDW 专门训练的引导员。ISW 项目的运行和推广模式要求引导员承担在所在高校有效实施 ISW、保障其可持续发展的整体责任，强调引导员领导 ISW 的胜任力。从 FDW 学员手册内容来看，引导员作为领导者的工作范围包括：（1）工作坊的组织管理，涉及宣传工作坊、招募学员并分配小组、准备和布置教学环境、处理校本工作坊相关的行政和后勤事务等；（2）工作坊的教学过程管理，涉及营造积极开放的学习氛围、提升学员参与度、把握工作坊的时间进程、观察学员的教学过程①、鼓励学员应用多种参与式教学方法等；（3）工作坊的质量管理，涉及调查学员反馈、开展反思性实践、设计或优化主题学习活动、设计或优化工作坊的整体结构等。[15]

（二）ISW 中的过程专家

ISW 按照"体验性学习理论"设计学习活动，引导员的主要任务是"管理过程"[16]，构建学习者学习的环境和活动而非提供"教学"。[17] 引导员需要利用引导技术推动学员完成多个"具体体验—观察反思—抽象概括—亲身实践"的学习循环。他们在这个过程中不是权威的内容专家，而是有经验的过程专家。两者的区别在于，内容专家主要关注学员"学什么"，他们面对学习的议题直接承担"提供有价值的内容"的责任。内容专家假定教学者是教育的权威，教学者应该将有价值的东西铭刻在学习者头脑和心灵的深处，所以常用说教灌输甚至强制的教学方式。[18] 过程专家主要关注学员"怎么学"，通过选择适宜的方法、流程和工具来影响学员的学习过程，通过调用资源来促进学员在工作坊中获得最大程度的发展。这本身需要过程专家既掌握工作坊设计与实施的知识又熟悉内容。[19] 但是，过程专家秉持的基本假设是"每个人都是聪明、智慧的，有能力且有意愿把事情做好"。[20] 他们信任学员的学习能力并将每位学员都看成工作坊中提供新信息与示范案例的资源。因此，他们对内容保持中立态度[21]，将学习的权力交给学员，而不是强迫或用诱导性的引导操纵学员对内容的学习。

（三）项目知识的创新者与凝练者

由于工作坊是高度情境化的场域，引导员不能将自己体验过的 ISW 简单复制到所在学校，必须根据自身能力和学校现实情况对其实施方式进行调整。同时，ISW 至少需要两人搭档实施，所以引导员始终与同辈一起工作。他们聚集在一起交流思想、共同备课、相互反馈，或者与其他学校的引导员沟通等。这种"实践社区"中的人有可能会将个体性的、隐性的经验转化成显性的文本，创造出新的手册、工具、标准等[22]，作为群体共享的新知识。ISW 项目现有

---

① 观察学员参与情况是引导员对 ISW 进行过程管理、质量管理的重要信息来源。

的学员手册、调查问卷、学习风格测试表等就是各国引导员集体智慧的结晶。以《ISW学员手册》为例，自1978年道格拉斯·克尔开发首本手册以来，国外引导员以志愿协作的模式分别在1982年、1989年、1993年、2003年、2006年、2021年形成了新版手册。当前，这些英文版材料与我国的实际情况并不完全匹配，凝练本土知识、编制本土材料也是ISW项目校本推广和ISW项目中国化对我国引导员群体提出的必然要求。

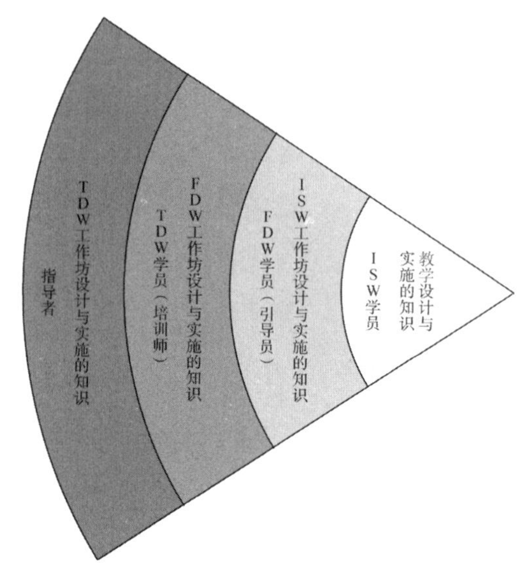

图2 ISW项目的知识类别与层级关系

三、引导员知识发展的路径

（一）引导员发展与知识发展的关系

在传统讲座式教学培训中，专家以权威的身份控制着培训的内容与过程，组织内的学员在很大程度上是被动的接受者，教师发展人员也只能做边缘的辅助工作。即使高校邀请同一个外部专家多次开展培训，也很难培育出校本培训师和校本培训项目。

ISW项目三级架构突破了传统讲座式教学培训中权威专家对知识的控制权，表层工作坊的实施经验就是下一层工作坊的主要学习内容。在"涟漪型"的体系内，项目构建了一套工作坊设计和实施的"知识"，通过层级培训传递下去，成为各个引导员开展"同辈发展"和"校本发展"实践的操作条件。[23]① 引导员的发展，本质上是种子教师被"引入"[24] 一个由引导员的工作语言与概念构成的公共知识体系中。引导员通过获得、加工、转化、迁移知识而发展意义和能力，以应对在所在高校实施ISW的现实挑战。

广义上，知识是关于有价值的事业的胜任力[25]，并非只包括静态的书面知识。领导者与过程专家是行动中的角色，这意味着引导员需要掌握的知识是实践导向的，大多是与ISW这个特定情境相关的隐性知识。隐性知识是高度个人化的、植根于行为本身和环境约束[26]的知识。虽然《FDW学员手册》等已经将一部分隐性知识显性化了，但这些显性知识远不能代表整个引导员知识体系，仍然有大量无法用言语清晰陈述的隐性知识潜伏在冰山之下，只有在特定的情境中才会浮现。引导员知识以隐性为主的属性特征决定了引导员的发展不能仅仅依靠看手册、听讲座等间接的学习方式，还需要进入真实的ISW情境，借助观察、体验、操作、对话、反思等直接的参与方式。

同时，ISW项目采取"设计—实施—反馈—再设计"的进化模式[27]，强调从参与者处获取反馈信息，基于反馈信息改进工作坊的设计。引导员在这个过程中扮演的是知识创新者与凝练者的角色，所以引导员的这套知识也是开放、动态的。它经过无数引导员讨论、理解、实践、创新、检验而得以标准化，是在过程中整合而成的公共遗产。它一方面成为维系ISW项目"涟漪型"扩张的稳定器；另一方面又具有适应不同校本发展情境的拓展度。引导员知识的开放性、动态性特征必然导致引导员发展路径的多元化。虽然FDW是专

① 项目构建了一套教学设计与实施的知识（即ISW的学习内容），通过层级培训传递下去。这成为一线教师开展教学实践的操作条件。

为发展引导员知识而设计的工作坊，但引导员的知识发展绝不止于 FDW。无论是他人还是自身带领的 ISW 现场，无论是个体自主学习活动还是引导员群体的交互活动，都可以成为引导员知识发展的场域。

（二）正式与非正式的引导员知识发展路径

在 ISW 项目建立初期，加拿大英属哥伦比亚省高等教育部对“高校骨干教师代表”集中开展 FDW，以求培育引导员和推广 ISW 项目。他们要求各高校指定一名资深教师担任联络人，联络人每次协调选派 1 至 2 名骨干教师代表参加为期 5 天的 FDW 培训，然后这些骨干教师将所学应用于校本实践。随着培训师队伍的扩张、校本 FDW 的形成，FDW 也转向了“同辈发展”和“校本发展”模式[28]，加拿大的项目设计者不再是引导员发展唯一的知识来源。经过若干年的发展，ISW 项目形成了多种正式和非正式的引导员知识发展路径。

1. 正式路径——FDW 工作坊

获得隐性知识的关键是体验[29]。在三级培训体系中，FDW 就是专门为发展引导员所需知识而设计的体验式工作坊。现行 FDW 时长 40 小时，一般在 4 至 5 天内举行。4 至 5 名教学经验丰富、完成了 ISW 的学员为一组，每组由 1 至 2 名培训师带领。以一个四天的 FDW 为例说明其学习活动构成，见表 1。

FDW 所有学习活动均围绕 ISW 展开。介绍工作坊概况、开展破冰活动、介绍日程、讨论工作坊参与规则等活动的主题和组织方式与 ISW 中的活动基本相似。FDW 循环中前 40 分钟的安排也与 ISW 迷你教学循环完全一致。一些培训师甚至直接允许学员主持暖场活动、问答活动等。这些设计创设了一个具有较高真实度的体验情境，为学员提供了观察、模仿、练习的机会。

表 1　FDW 的学习活动构成[①]

第一天	第二至三天	第四天
- 介绍工作坊概况 - 开展破冰活动 - 介绍日程 - 讨论工作坊参与规则 - 讨论 FDW 参与者的角色 - 回顾 ISW 迷你教学循环 - 讨论引导员的职责 - 开展主题学习活动 - FDW 循环示范 - 小组破冰 - 编写个人学习目标 - 练习录像器材操作 - 小组总结 - 闭场圈 - 工作坊形成性评价	- 开展暖场活动 - 对工作坊形成性评价的反馈 - 介绍日程 - 更新工作坊参与规则 - 开展主题学习活动 - 更新个人学习目标 - 小组暖场 - FDW 循环示范 - 小组总结 - 问答环节 - 闭场圈 - 工作坊形成性评价	- 开展暖场活动 - 对工作坊形成性评价的反馈 - 介绍日程 - 开展主题学习活动 - 小组暖场 - FDW 循环示范 - 小组总结与致谢 - 讨论 ISW 的实施 - 结业典礼 - 工作坊终结性评价

① 表格改编自：FDW Outline[C]//Facilitator Development Workshop: Participant Handbook & Facilitator Resources[EB/OL].2006:9-10 [2019-12-21].https://www.iswnetwork.ca/login/my-resources/.

虽然，对比下文“担任 ISW 观察员”与“ISW 中的复盘”，FDW 的情境真实度不高，但它融观察学习与操作演练于一体，学员既能看到培训师和优秀同辈的示范，又能在一次次 FDW 循环中推动认知和行为的转化。值得关注的是，“帮助（培训师）营造有利于学习的环境”[30]、有意识地选择自己没用过的教学反馈表格以增加教学反馈表的使用经验[31]等参与要点，突出了个体主动性在其知识发展中的重要作用。学员要主动体验而不依赖于培训师的引导，积极调用 FDW 现场的资源来发展自己带领 ISW 的能力。

除了真实性的体验外，学员在 FDW 中还通过反思来实现知识的发展。一是结构性的 FDW 循环推动的个体反思。改编自“微格教学”的迷你教学循环是 ISW 的核心，引导员要引导同一名 ISW 学员进行三次迷你教学循环。因此，FDW 也给予了学员三次练习引导迷你教学循环并获得反馈信息的机会。我们称之为 FDW 循环。一个 FDW 循环时长 60 分钟，具体环节和时间分配见表 2。一个 FDW 循环结

表 2　FDW 循环流程与参与者的活动（以 5 名学员 / 组为例）①

<table>
<tr><th colspan="2">事项</th><th>引导员（A）活动</th><th>教学者（B）活动</th><th>学习者（C、D、E）活动</th></tr>
<tr><td rowspan="4">A 引导 B、C、D、E 进行迷你教学循环</td><td>教学准备
5 至 10 分钟</td><td>- 引导 C、D、E 在教室外等候
- 确保教学区域有多媒体设备
- 和 B 协商挑选教学反馈表，讨论 B 想要被观察的要点，并根据 B 的需要给予支持或指导</td><td>B 布置学习环境，为迷你教学做好准备</td><td>在教室外等候</td></tr>
<tr><td>迷你教学
10 分钟</td><td>- 录制 B 的迷你教学视频
- 观察并做记录
- 为迷你教学反馈环节做准备</td><td>B 面向 C、D、E 进行迷你教学</td><td>参与 B 的迷你教学</td></tr>
<tr><td>书面反馈
5 至 7 分钟</td><td>- 将 B 挑选的教学反馈表分发给 C、D、E，根据需要给予他们指导
- 可为 C、D、E 回放视频（调低音量）
- 在教室外引导 B 反思迷你教学</td><td>在 A 的引导下反思迷你教学</td><td>填写教学反馈表</td></tr>
<tr><td>口头反馈
13 至 15 分钟</td><td>- 引导 C、D、E 进行口头反馈，确保 B 收到并理解了 C、D、E 的意见
- 可播放一段或多段视频
- 用书面的方式记录 / 总结口头反馈</td><td>- 倾听
- 必要时进行一定澄清</td><td>在 A 的引导下为 B 提供口头反馈</td></tr>
<tr><td rowspan="2">培训师引导 B、C、D、E 对 A 进行反馈</td><td>书面反馈
5 分钟</td><td>A 单独与培训师一起，在教室外反思引导过程</td><td colspan="2">填写 A 选定的引导反馈表</td></tr>
<tr><td>口头反馈
15 分钟</td><td>- 倾听
- 必要时进行一定澄清</td><td colspan="2">在培训师的引导下为 A 提供口头反馈</td></tr>
</table>

① 表格改编自笔者 2021 年 7 月 19 至 22 日对山东大学李赛强、刘广荣等人实施的 FDW 的观察笔记，以及 FDW Cycle Description[C]//Facilitator Development Workshop: Participant Handbook & Facilitator Resources[EB/OL].2006:15 [2019-12-21].https://www.iswnetwork.ca/login/my-resources/.

束后，学员可获得针对其引导过程的书面反馈、口头反馈和录像反馈。学员借助这些反馈信息开展个人反思，改进引导策略。二是培训师的过程引导推动的集体反思。当 FDW 学员完成各种学习活动后，培训师将引导学员反思这些活动的教学方式及其在 ISW 中的教育作用，思考如何应对突发情况、如何把握教育时机等具体问题。集体反思以对话等方式输出和共享反思的成果。FDW 也提供了多种结构化的引导员个人反思表，帮助学员在一天或者整个工作坊结束后，及时把工作坊期间碎片化的或隐性的收获转化为知识。

2. 非正式路径

（1）担任 ISW 观察员。担任 ISW 观察员是指完成了 FDW 的新手引导员（或已完成 ISW、计划参加 FDW 的学员）为了胜任引导员的工作（不以研究为主要目的）而进入 ISW 中，进行以观察为手段的学习活动。观察员是引导员为同辈提供的一种契合其隐性知识发展需求的学习机会。不过这种学习机会是非正式的，一些引导员担心外来者干扰工作坊场域氛围或者出于对“被观察”的戒备心理，也可能拒绝他人观察。观察员被称为“影子（shadow）”。这个称谓反映了观察员在 ISW 中的两种身份。一是旁观者。观察员的学习兴趣在如何有效实施 ISW 上，所以他们注重观察工作坊的整个过程和参与者的一举一动，如工作坊的日程安排、引导员的提问方式、学员的互动方式、培训场地的布置。细心的观察员会在现场对观察对象进行多方面详尽的记录并在后期进行补充和完善。他们会留意学习者的学习状态与学习效果，然后带着这些第三视角的资料积极参与引导员的复盘活动。二是中立的参与者。观察员一般情况下保持沉默，但有时也会根据现场需要参与主题学习活动或者迷你教学循环的反馈环节。这有助于他们在观察的过程中整体把握带领 ISW 的真实感受。但观察员毕竟不是当前工作坊正式的学员或引导员，他们特别需要避免霸占学员的发言机会，避免用自己“已知道应该怎么做”的姿态发言而剥夺学员自我反思的空间，以及避免过于沉浸学习活动而忘记了观察的任务。

（2）ISW 中的复盘。引导员口中的复盘是指一个 ISW 的引导员团队对当日培训情况进行集体教学反思。每位学员在 ISW 过程中每天都要填写一份形成性评价表，反馈当日最大的收获、哪些因素对他们的学习最有帮助、还需要获得哪些支持、对工作坊后续教学的建议等，在 ISW 结束时填写一张终结性评价表，反馈在工作坊中最大的收获、印象最深刻的活动、对后续支持的需求、对工作坊的改进建议、对工作坊的整体评分。当学员离开后，引导员（有时还邀请观察员一起参加）一般会逐一检查当日培训中各学习活动运行的流畅度，回忆学习者在不同学习活动中的参与状态，表达他们自身开展引导工作的感受，总结学员写下的收获和建议。在多方参与者的行为与感受等事实基础上，他们商议如何回应学员的需求（如优化本期 ISW 后续日程计划，根据学员情况调整主题学习活动的教学方式，解释无法回应学员某些需求的原因），同时商议本次实践有哪些值得总结的经验、下一次实践可以采取哪些改进措施。因此，ISW 中的复盘以从工作坊现场获取的信息为事实依据，通过对话的形式密集、直接地交流引导员个体的隐性知识。

（3）群体经验与资源共享。“涟漪型”的项目推广带来引导员数量的扩张。这些有着共同话题的人以各种方式聚集在一起，为引导员的知识发展提供了新的空间。在 ISW 项目发展初期，加拿大英属哥伦比亚省各高校引导员之间就出现了利用简报、文章、团体活动等方式共享经验和资源的现象；加拿大英属哥伦比亚省高等教育部也提供了组织支持和经费支持，如资助编制参考资料、录制教学视频、开展引导员领导力发展夏令营活动。现在，引导员群体已经形成了一个由同辈共同经营、没有实体归属的非正式的国际社区——ISW 网络（Instructional Skills Workshop Network）。各国引导员均可在这个虚拟社区中公开获取学员手册、操作指南、工作模板等材料以及ISW项目相关文献。在我国，引导员群体活动及群体性的引导员知识发展活动也逐渐出现。一些FDW学员联络微信群、QQ群在工作坊结束后被保留了下来，引导员在其中分享学习材料、讨论学习心得、组织线上学习活动；也有一些高校在主办的区域性教学类学术会议中设立分论坛，为引导员共享经验和资源创造机会。这些自发形成或有组织的活动使得引导员知识发展不再局限于ISW三级工作坊现场，而是扩展到更广泛、更日常的教师活动中。

四、对引导员知识发展的反思

（一）把握引导员的角色内涵

对引导员的角色认知直接影响我们如何理解引导员知识和选择发展路径。我们把引导员定位为第一级工作坊的领导者、过程专家、知识的创新者与凝练者。首先，这突出了引导员知识以工作坊设计与实施的知识为主的构成特征。高校可以利用这点破除教师对内容权威的恐惧，扩大校本引导员的人选范围，鼓励更多的教师参与校本项目建设，并将注意力集中到推动教师在同辈领导的实践社区中提升教学能力上来。其次，这突出了引导员知识以隐性知识为主的属性特征。个体难以直接从《FDW学员手册》或其他公开的书面材料中获得运行校本工作坊的全部能力，必须在真实的情境中去体验、对话。引导员知识发展和项目校本运行都需要围绕ISW项目来展开。最后，这突出了引导员知识由引导员群体来创造和发展的主体特征。虽然ISW项目经过若干年发展已经形成了丰富的知识积累，但项目始终处于开放发展中。我国引导员可以在实践中主动革新引导员知识体系，基于我国高校人才培养要求和教师实际发展需求推动项目的本地化、校本化，甚至用这套知识去开辟新的教师教学培训项目。

（二）建设引导员知识发展的场所

知识发展是在“场”中进行的，“场”是人与人共享语境和社会资本的地方，既包括物理场所，也包括虚拟网络、工作岗位等场所。[32] 三级培训体系内有FDW这样正式的场所，也有复盘会等非正式的场所。在三级培训体系外，一个组织或引导员群体还可以创造出备课会、研讨会、微信群等各式各样正式和非正式的场所。个体要进入这些场所，与其发生实质性的关联，通过积极的参与来感知知识、转化知识、共享知识、创造知识。目前，我国主要是高校教师教学发展中心在培养引导员，尚无加拿大英属哥伦比亚省高等教育部这类行政管理机构牵头，缺乏组织化的正式场所，而引导员自然形成的一些微信群、QQ群等虚拟网络场所难以维持活跃度。为了推动引导员队伍建设，高校教师教学发展中心应该进一步宣传“同辈发展”的理念，建立组织化的共建共享机制，激励教师主动肩负起自我发展和促进发展他人的责任，推进场所的长期运营。

（三）重视引导员知识的整合管理

隐性知识与显性知识的传递、转化就是知识的一种形式整合，知识通过整合以螺旋的方式上升。[33] 引导员知识大多是隐性的。FDW、ISW中的观察、复盘，以及引导员的校本实践，都适合隐性知识的传递，但目前还缺乏隐性知识向显性知识的转化以及显性知识的组合。很多知识都散落在引导员个体的记忆中，而且是碎片化的，这也是一些教师参加FDW后仍然难以胜任ISW实施任务的重要原因。整合这些知识既对引导员个体的知识发展有利，也对高校整个组织的发展有利。高校可以鼓励引导员养成记录和整理笔记的习惯，在完成各种体验式培训、观察、复盘后及时把隐性知识用语言、图像等有逻辑地表征出来，同时发挥群体的力量，把个体知识转变为工作坊实施方案、教案、学习材料等形式化的组织知识。

参考文献：

[1] 别敦荣，韦莉娜，李家新．高校教师教学发展中心

运行状况调查研究 [J]. 中国高教研究，2015（3）：41–47.

[2] 魏红，赵彬 . 我国高校教师发展中心的现状分析与未来展望——基于 69 所高校教师发展中心工作报告文本的研究 [J]. 中国高教研究，2017（7）：94–99.

[3][6] 徐杰，娄震，王君兰，王君源 . 加拿大教学技能工作坊（ISW）项目的实践与研究 [J]. 中国成人教育，2020（16）：61–64.

[4] 宋森 . 国际高校教师 ISW 培训对我国公安专业教学的启示 [J]. 公安教育，2019（6）：76–78.

[5] 张亚周，钟兆根，孙艳丽 . 以 ISW 为依托提升军校教员的教学技能 [J]. 电气电子教学学报，2020，42（4）：34–37.

[7] 马桂花 . 加拿大高校教师 ISW 培训项目述评及启示 [J]. 教师教育学报，2018，5（6）：90–97.

[8][9][10] Kerr D W. The Instructional Skills Workshop Program（Part1）[D/OL]. [2021–8–16]. https://www.iswnetwork.ca/wp-content/uploads/2020/08/dougKerrISWpart1.pdf.

[11][27][28] Morrison D. The Instructional Skills Workshop Program: An Inter-institutional Approach[C]// Jeffrey J R, Erickson G R, Ed. To Improve the Academy: Resources for Student, Faculty, and Institutional Development. Stillwater: New Forums Press,1985:76–77.

[12] Hogan C. Understanding Facilitation: Theory & Principles[M]. London: Kogan Page，2002:8.

[13][19][20][21] 英格里德·本斯 . 引导：团队群策群力的实践指南 [M]. 任伟，译 . 北京：电子工业出版社，2019：6; 31; 20; 25.

[14] Harris J E, Stock S R. Workshops: Designing and Facilitating Experiential Learning[M].California：SAGE Publications,1999:6.

[15][30][31] ISW Network. Facilitator Development Workshop: Participant Handbook & Facilitator Resources [EB/OL].[2019–12–21].https://www.iswnetwork.ca/login/my-resources/.

[16] ISW Network. The Facilitator Development Workshop (FDW) Handbook [EB/OL].[2021–10–23].https://www.iswnetwork.ca/login/my-resources/.

[17] Kerr D W. The Instructional Skills Workshop Program（Part2）[D/OL].[2021–9–25].https://www.iswnetwork.ca/wp-content/uploads/2020/08/dougKerrISWpart2.pdf.

[18][24] Peters R S. Ethics and Education[M]. London: George Allen & Unwin：1976:35,52.

[22] 温格 . 实践社团：学习型组织知识管理指南 [M]. 边婧，译 . 北京：机械工业出版社，2003：3–6.

[23][29] 野中郁次郎，竹内弘高 . 创造知识的企业：日美企业持续创新的动力 [M]. 李萌，高飞，译 . 北京：知识产权出版社，2006：146; 72.

[25] Wenger E. Communities of Practice: Learning, Meaning and Identity[M].New York：Cambridge University Press, 2007:4.

[26] 野中郁次郎 . 知识创新型企业 [M]// 彼得· F. 德鲁克，等 . 知识管理 . 北京：中国人民大学出版社，2004：24.

[32] 野中郁次郎，西原文乃 . 创造知识的实践 [M]. 刘会祯，马奈，译 . 北京：人民邮电出版社，2019：12.

[33] 任皓，邓三鸿 . 知识管理的重要步骤——知识整合 [J]. 情报科学，2002，20（6）：650–653.

Paths of Knowledge Development of Instructional Skills Workshop Facilitators

ZHOU Liyun

（Centre for Teaching Excellence, Southwestern University of Finance and Economics, Chengdu, Sichun 611130, China）

Abstract: Based on a peer development model and an on-site model, the Instructional Skills Workshop Program relies on facilitators for its operation and promotion. As a facilitator plays the role of the first-level workshop leader, process expert and knowledge integrator and renovator in the program, the knowledge a facilitator should acquire is practical, open and dynamic, which is mainly tacit knowledge related to the peculiar situation of the instructional skills workshop. The core task of developing facilitators is to bring teachers into contact with the knowledge related to the program. There are many formal and informal paths of knowledge development in the program system, like the Facilitator Development Workshop, observation and review in the Instructional Skills Workshop, as well as sharing of knowledge and resources in the community. To develop facilitators more effectively, we need to combine these formal and informal knowledge development paths together, transfer the tacit knowledge more systematically, pay more attention to converting tacit knowledge to explicit knowledge and strengthen the combination of tacit knowledge and explicit knowledge.

Key words: Instructional Skills Workshop, Facilitator, Knowledge Development

（责任编辑：杜金丹　苏娇）

（上接第 39 页）

Interactive Training Research Pointing to the Teachers' Deep Learning

CHEN Xia　WAN Lirong　ZHANG Shiya

（Shanghai Teacher Training Center, Shanghai 200233, China）

Abstract: Deep learning is the ideal state of teacher learning. Interactive teacher training is one of the important ways to realize teachers' deep learning. The interactive training for teachers' deep learning starts from driving problems and aims at practice change and concept reconstruction; the assessment is based on realistic task solving, the method focuses on in-depth dialogue, and the trainer plays a supporting and guiding role. The interactive training adopts reverse design in its research and development mode, and there are three basic operation modes: acquisition-application mode, exploration-discovery mode and experience-identification mode.

Key words: Teachers' Deep Learning, Interactive Training, Teacher Training

（责任编辑：周琛溢　苏娇）

为什么教学需要刻意练习

陈向明

（北京大学教育学院　北京　100871）

［摘　要］ISW和FDW是一种典型的刻意练习。在引导员的带领下，学员在三四天时间内，多次完成一段长达40分钟的教学练习。其间，学员按照BOPPPS流程做一个微格教学，引导员和其他学员为其提供反馈，学员在大家反馈的基础上不断改进教案。从教师学习的角度看，这是一种体验式的、社会建构主义的学习。教师指导者的作用主要不是评判和提建议，而是陪伴和支持。学员在刻意练习中敞放自己，主体性被尊重，与同行和指导者一起创设新颖的、个性化的教学事件；学员不断切换“教师”和“学习者”两种角色，有可能超越僵化的理性观念和日常经验，实现积极的、行动导向的知识建构。

［关键词］ISW　FDW　刻意练习　教师学习

最近我有幸观摩了一个提升高校教师教学能力的工作坊，参与者涉及两类人员：高校教师和高校教师发展中心的指导者。[①] 前者聚焦于教师教学技能的提升（ISW，Instruction Skills Workshop），后者培养指导者协助教师改进教学的能力（FDW，Facilitator Development Workshop）。两者都围绕一个从加拿大引入的BOPPPS教学模式展开，即导入（Bridge-in）、目标（Objective/Outcome）、前测（Pre-assessment）、参与式学习（Participatory Learning）、后测（Post-assessment）、总结（Summary）。工作坊的规模很小，ISW和FDW一个班分别只有五位和四位学员，各由一位引导员带领。本次工作坊总共开设了16个班，分两个批次进行。ISW和FDW的时间分别为三天和四天。

令我非常吃惊的是，这么一个看似十分简单的教学技能培训，竟得到国内各高校教师发展中心和一线教师的格外青睐。虽然费用不菲，但通知一经发出，名额立马报满。作为被邀请的嘉宾之一，我被要求针对这个工作坊的特征和作用在最后一天的研讨会上做演讲。因此，我在前面几天做现场观察的同时，一直在思考：“为什么这个工作坊对一线教师和教师指导者有如此巨大的吸引力？”

作者简介：陈向明，北京大学教育学院教授、华东师范大学上海终身教育研究院特聘研究员，主要从事教师教育、质性方法、课程与教学研究。

① 感谢工作坊主持人山东大学教师发展中心原副主任李赛强教授邀请我参与这个活动，让我获得了一个极好的学习机会。

首先，我们来看这个工作坊的具体组织形式。除了丰富多样的热身和主题活动（学习风格、互动策略、课程思政），每位学员先有10分钟准备教案和教室环境安排，与引导员沟通上课思路。然后，学员在10分钟内按照BOPPPS流程做一个微格教学，其他学员当学生。完成后，引导员与授课教师一对一反馈7分钟，与此同时其他学员从学生的角度撰写书面反馈。此后，引导员带领所有学员向授课教师反馈13分钟。在整个过程中，引导员被要求保持客观中立，只提问题，不提供任何评价和建议。第二天和第三天，学员在前一天大家反馈的基础上不断改进教案，完成上述40分钟的各个环节。

从上述描述看，这是一种典型的刻意练习（deliberate practice），即需要：（1）较长时间的专业训练；（2）有专家的指导；（3）导致学习者认知图式的改变。[1] 在研讨会上，不断有人提问：我们一定要在10分钟内完成BOPPPS的所有环节吗？一定要按这个顺序做吗？一个活动一定要同时达成3H（head、heart、hand）目标吗？引导员的工作可以由两个人分担吗？如此等等。而我认为，之所以要求在这么短的时间内完成这么多任务，除了时间和人力的限制，主要是希望学员高强度地反复练习一种教学模式。学员基本掌握了这个模式之后，回到自己的学校和课堂，完全可以根据情况再做本土化的改造。

这类刻意练习之所以对教师非常重要，是因为世界范围内存在很多有关教师工作的“迷思”，比如：（1）好教师生来就有天赋；（2）好教师是自己练就的；（3）教师应该什么都知道；（4）教师必须自己决定一切。[2] 这使得教师工作成为一个孤独的事业，一个人关在教室里单打独斗，不能向同行暴露自己的弱点。而上述刻意练习破除了这些“迷思”：很多参加过工作坊的教师反映，自己从来不知道教学可以遵循这样一个结构；参加工作坊以后自己的教学技能有显著提升，学生的学习效果明显改善；在各类高校教师教学竞赛中，很多获奖者都参加过这个工作坊；因为参加工作坊，自己与本校其他专业的教师成为志同道合的伙伴，不再一个人孤军作战。

概而言之，这样一种刻意练习不仅使教师在同侪合作中体验到教学的规范性和互助性，而且在自身角色上发生了重大转变，即从关注自己的教转向关注学生的学。经由同行从学生的角度反馈学习感受，教师开始理解学生的个性特征和学习困难。各种参与式活动的设计，让教师的脚手架作用逐步隐退，直到学生承担起教师的大部分角色。几天的集中训练，让教师们意识到，最好的教学是自己身体力行，示范什么是一个好的学习者，以自己的学习引发学生的学习。最终，学生的学是被“导”出来的，而不是被“教”出来的。

如果说，教师角色的转变主要发生在ISW中，教师指导者角色的转变则发生在FDW中。指导者不再提供评价和建议，而是需要像一面镜子，通过提问、追问、反馈和身体语言，让教师更加清晰地看到自己。指导者越能够悬置自己的评判，保持好奇的心态和探究的眼光，这面镜子就越清澈，对方就越能看清自己。这需要指导者对教师有足够的信任，相信教师自己的体验是重要的，并且有反思和自我改进的能力。通过打开探究空间，指导者让教师敞放自己，直接感受自己前概念、前反思的直观体验，并将其显性化地表达出来。如此，教师才有可能超越僵化的理性观念和稀松的日常经验，与同行和指导者一起共同试验，创设新颖的、富有个性化特色的教学事件。

虽然指导者不被要求提供评价和建议，但其有效引导却依赖于对学员教师不同表现的深刻理解。比如，为什么有的学员说得很好，但却做不到？[这里涉及信奉理论（espoused theory）与使用理论（theory-in-use）的区别。]为什么有的学员知道自己的教学有问题，但就是不改？（这里涉及维护自我和自尊的需要，安全感不足。）为什么有的学员一直没有突破瓶颈，产生质的飞跃？[“优秀”教师和“老”教师往往受惯性思维和行为习惯的约束，形式化程序成为金箍，无法接触自己的真实感受，需要“去学习”

(unlearn)身体化的惯习。]为什么有的学员如此全身心地投入学习?(因为被看到、被认可,激发了指导者—教师—学生之间交互生成、代际相传的信任和教育爱。)为什么有的学员一开始显得“愚笨”,但后来突然“开悟”了?(指导者不先讲理论,而是鼓励学员转熟为生,下水游泳,遭遇困境时被适时点拨,导致思维缺口得以弥合。)

在这个刻意练习的过程中,指导者还被提示尝试理解并利用自己的感受,因为这通常是最好的理解学员教师的线索。当一群陌生人聚集在一起,特别是一群教师需要在公开场合暴露自己的教学常态时,各种负面情绪(紧张、焦虑、不安全感、防御)都可能被引发。此时,指导者往往会感到害怕、沮丧、被攻击、被挑战。他们可能试图表现得很有权威,或者当冲突出现时试图说服学员,甚至给学员一些虚假期待。如何保持空杯心态,做到不带敌意的坚决、不含诱惑的深情、稳定的客体——这对指导者是一个巨大的挑战。

如果从上位的知识观分析,上述刻意练习以及随之带来的教师和指导者角色的转变,体现的是实用主义的知识观。“知识是通过操作把一个有问题的情境改变成为一个解决了问题的情境的结果”[3],而不仅仅是“认识主体对外在事物正确把握后形成的信念”。这是一种动态的、向前看的、发展的知识观,学员们在工作坊中获得的有关教学的洞察,能够促使他们参与到日常积极的、导致行动的知识建构之中。

如果从教师学习的角度看,这种刻意练习是一种体验式的、社会建构主义的学习。学员们同时在学习知识内容和教学策略,在分享和讨论中提升自己的高阶思维。通过分布式专长的相互利用和激发,他们提升了合作的技能、问题解决的技能和元认知能力,进入了自己各自专业发展的“最近发展区”。此外,由于与不同专业、不同学校的同行一起学习,他们不仅获得了教学的知识和技能,而且收获了专业身份和意义建构。借助这样一个跨界实践共同体,学员们将差异作为资源,协商意义、再造视角、重构实践,创造了一系列美好的教育事件,让一个个看似不可能的事情成为可能。

虽然上述看法来自我有限的对这个工作坊的观察、访谈和实物分析,而且这类培训也许更有利于新手教师(包括没有接受过教学训练的“老”教师)技能方面的学习,但是我惊喜地发现,有关教师专业发展和学习的很多核心要素在这里得以体现:(1)教师的主体性需要被尊重,教师需要被看到、被认可,因此教师学习需要更具个性化的指导,而不只是专家讲座和校本研修;(2)好教师不是天生的,也不可能什么都知道,而是可以不断学习的;(3)教师工作涉及复杂的生态系统,社会性学习比单打独斗更为有效;(4)练就能“看到”学生的眼睛,有利于教师转变视角,从学生学习的角度改进教学;(5)教师指导者的作用主要不是评判和提建议,而是陪伴和支持。

鉴于目前我国职前教师教育针对性不强、职后教师培训实效性较弱的情况,希望上述我的些许观察和感受对广大教师(不论是大学还是中小学幼儿园教师)的专业发展和学习有所启发和助益。

参考文献:

[1] 安德斯·艾利克森(Anders Ericsson),罗伯特·普尔(Robert Pool). 刻意练习:如何从新手到大师[M]. 王正林,译. 北京:机械工业出版社,2016.

[2] Deborah P. Britzman. Practice Makes Practice: A Critical Study of Learning to Teach [M]. New York: State University of New York Press, 2003.

[3] 约翰·杜威. 确定性的寻求 [M]. 傅统先,译. 上海:上海人民出版社,2005.

Why Is Deliberate Practice Needed in Learning to Teach

CHEN Xiangming

(Graduate School of Education, Peking University, Beijing 100871, China)

Abstract: ISW and FDW are a typical kind of deliberate practice. Under the guidance of the facilitator, the teachers complete a 40-minute teaching practice for many times in 3 or 4 days, during which they make a micro-teaching in accordance with the BOPPPS process, while the facilitator and learners provide feedback, and the teachers then keep improving their teaching according to the feedback from the participants. From the perspective of teacher learning, this is an experiential, social-constructive learning. The role of the facilitator is not to judge or give suggestions, but to accompany and support the teachers. The teachers open themselves in the deliberate practice, feeling respected and creating a novel personalized teaching with their peers. They keep switching the two roles between "teacher" and "learner", which may transcend rigid rational concepts and daily experience, and realize a positive action-oriented knowledge-construction.

Key words: ISW, FDW, Deliberate Practice, Teacher Learning

（责任编辑：汪海清　苏娇）

“同框修行”中的共同体(中)
——徐崇文和他团队的五项修炼

吴国平[1] 黄得昊[2]
(1. 上海师范大学 上海 200234;
2. 上海市师资培训中心 上海 200233)

[摘 要] 共同体作为一个社会学概念古已有之，学习共同体近来受到教育领域的关注。在中国古代的授业传统中，存在“师徒带教”这一相伴随的学习共同体简单形式。徐崇文老师在引导团队发展中，便通过实践问题解决、名家引领的“读书—实践—研究”，同时以师生同框来保证团队中的“信”的达成，以此实现学与行的有效互动。在共同体中，研究团队聚焦问题解决以及课题研究与成果转化的机制探索。

[关键词] 同框修行 共同体 学习科学研究所

一、第三项修炼：保持学与行的有效互动

(一)认识学习共同体

近年来，学习共同体话题日益受到关注，于是难免引发教育界的热情，似乎又可以在一连串新理念之后续写教育新话题。“共同体”最初是作为社会学概念由斐迪南·滕尼斯(Ferdinad Tonnies)于1887年提出的，指“忠诚的关系和稳定的社会结构”[1]。不难发现，共同体这一概念着眼于考察社会结构及其构成关系，此后很长时间，它都是社会学研究中的一个基本命题。20世纪80年代，彼得·圣吉(Peter Senge)从组织功能角度提出了“学习型组织”(Learning Organization)的理论，受到学术界内外广泛的关注，其目的在于引导一种“学习型”而非“控制型”的组织机制，从而帮助人们适应复杂的、相互依赖又不断变化的社会，[2]其视野依然落在社会学中，突出了组织行为的学习特征。1995年，欧内斯特·博耶尔(Ernest L.Boyer)第一次使用了“学习共同体”(Learning Community)这一表述。博耶尔随即解释称，学习共同体是所有人因共同的使命而朝着共同的愿景一起学习的组织，共同体中的成员共同分享学习的兴趣，共同寻找通向知识的旅程和理解世界的运

作者简介：吴国平，上海师范大学现代校长研修中心副教授，主要从事教育行政与管理、教师教育、教育思想史、儿童哲学研究。
黄得昊，上海市师资培训中心助理研究员，主要从事教师教育、教育人类学研究。

作方式。[3] 博耶尔进一步拉近了“组织”与“学习”的关系。此后，克拉克（Paul Clark）、霍得（Shirley M.Hord）、罗伯茨（Sylvia M.Roberts）等研究者把这些思考引入学校组织中，发现学校中的教师和领导作为教育教学的专业人员，开展合作互惠的团队学习才是实现学校向学习共同体转变的关键因素，由此他们提出了“专业学习共同体”[4] 这一新命题，意在通过学校的变革促进教师的专业发展。

综上所述，学习共同体作为教育领域新出的一个概念，其形成反映了学校组织顺应时代发展的要求，对教师专业发展产生了积极的影响。事实上，不仅是英语国家，我们注意到就在我们的周边，日本的佐藤学以及我国台湾的众多学校，在学习共同体的理论与实践探索方面都取得了不同凡响的成果，可以想见学习共同体在未来还会持续受到关注。

（二）从“三人行”到“师徒带教”

现在的疑问是，学习共同体真是一个新生事物吗？此前，在中国本土的教育实践中似乎没有“学习共同体”这么一套说辞，中国究竟有没有“学习共同体”的实践呢？

制度化教育是近代西方的产物，这是我们向西方学习逐渐建立起来的一套教育制度，起于1905年的新学，至今还在不断调整的进程中。在这套制度里边，确乎没有“学习共同体”的理论，也缺乏必要的实践经验。由于中国古代的教育形态在西学东渐的过程中日趋式微，几近于濒危，我们也就很难系统地来进行考察。但是通过一些日常生活以及历史文献的考察，或可发现一些端倪。

孔子说：“三人行，必有我师焉。”（《论语·述而》）作何理解？这里“行”与“师”是对举关系。行，言行、举止；师，效法、仿效。在几个人的小范围内，人们都会有可以向别人学习的地方，那不就是相互学习吗？这样的仿效学习难道不会有助于更好的言行举止吗？反之，“独学而无友，则孤陋而寡闻”（《礼记·学记》），离开了共同学习、相互切磋，学习的成效就会有问题。所以孔子才会发出“有朋自远方来，不亦乐乎”（《论语·学而》）的感叹，不仅如此，他还主动向郯子、苌弘、师襄、老聃学习。在古代中国善于向众人学习，善于向不同的人学习，这是成为圣人的普遍特点，韩愈把这种不断向他人学习而成长的经验概括为“圣人无常师”。

虽然我们不必牵强把孔子所处的时代与专业相连，自给自足的田园经济尚不具备专业分工的生产基础，但是一个人能够做到三人行中必仿效，想来足可匹敌今日的专业精神了吧？可见，这句影响了中国人两千多年的儒家经典，几乎每个小学生都能诵读的名言，践行起来不就是一种学习者的共同体吗？

在我国的中小学里，普遍存在着一种现象：初任教师会跟随有资历的老教师边学习边实践，这种现象被称为“师徒带教”，应该如何理解这样的师徒带教呢？师徒带教过程中，徒弟作为缺少教学经验的一方，可以从有经验的师傅那里学到很多临床教学的技能、方法，这是最为大家认同的一面，也是师徒带教成为中国学校教育符号的一个重要原因。

其实，带教过程中的师傅也有从中获益的专业成分。带教过程中的师傅，一般会对带教、指导、展示的教育教学内容进行一些准备，带教过程中还要面对徒弟各种意想不到的提问，这些准备和应对都为教师的专业反思创造了条件，很多内化的经验就此被放置在理性思维的解剖台上，从而有可能获得系统、结构化的外显认知。经常带教徒弟的师傅多有一个体验：承担过一段时间的带教任务之后，与曾经跟自己相仿却没有带教过徒弟的同伴相比，专业能力上拉开了距离，带教过程中逼迫自己作专业反思和总结是一个重要的原因。

近年来，随着数字技术的迅猛发展，教学过程中应用技术手段的要求日益提高，这常常是令师傅困扰的一项能力，在师徒带教中却成为作为“数字原住民”一代的徒弟展示才华的一刻，很多时候它成了师徒情感的增稠剂、润滑剂，“非正式组织”也好，“组织中的社群”也好，那一刻找到了真实的脚注。所以，“师徒带教”的经验其实是“师徒互动”，可以被看成是学习共同体的简单形式。

（三）教师专业能力的习得来自实践

教师的专业能力可能从什么地方获得？一种认识是，通过相关知识的传授并辅以一定的技能训练；另一种认识是，强化基于临床的实践训练。前者主要是师范教育的课程设计，后者是日益受到国内外关注的职后教师培训。由于上文提到的各种困难和挑战，目前职后教师的培训缺少必要的、权威的经验，以至于有人会把昨天的教研组记忆幻想为今日的国家经验，不能不说是认错了时代，讲歪了故事。

如果说通过知识传授可以解决教师的专业能力，那么只要有师范高校就可以了，既可以为职前师范生传授知识、展示微格教学功能，也可以对职后教师演示知识、讲解育人技能。不无遗憾的是，师范高校整体的式微或许以另一种方式宣告，基于知识系统的教师培养这条路走不通。知识对于教师专业素养来说是必要条件，却不够充分，就教师的胜任结构而言，技能权重或许更为突出。问题是，教师的技能如何构成？何以实现？这就引出了临床实践的问题。“纸上得来终觉浅，绝知此事要躬行”，几乎所有关于专业问题的讨论最后都离不开实践的问题，不妨说，与“专业”对举的不是“非专业”而是“实践”。面对纷繁复杂的职业元素，教师需要不断锤炼实践智慧，这些智慧只能在岗位上习得——边实践、边学习、边收获。徐崇文的经验就在于他为我们演示了临床实践的精彩。徐崇文的指导过程不仅注重问题从学员自身实践中来，还注重解决问题的思路得以在实践中检验，总结形成的经验具有实践指导迁移功能。

（四）名家引领的“读书—实践—研究”

徐崇文的学习科学研究所汇聚了一批鼎鼎有名的专家团队，燕国材、林崇德、叶澜、张民生、顾志跃……不同时期、不同领域的优秀专家领导都经常出现在学员的临床指导活动中。在这批学科顶尖大家的指导下，学员们不仅能接触到不同领域最前沿的研究资讯，更是在与大家的近距离接触中感受到了专家是如何成长的，他们是怎样做学问的，而这种收获体会，对于一名教师学员而言，可能比他在这一过程中真正学到什么具体知识更能使其受益。

【梅洁】徐老师能够把全国各地（而不仅是上海）在教育心理领域最核心的一批专家都带到我们的基地。可以讲，我感觉到在当时所有的“双名”基地当中，我们的这个专家团队是最宏大的，而且徐老师请的这些专家跟他也都是一类人，都是扎扎实实做学问的。你想燕国材教授，他那个时候已经 80 多岁了，每一次做活动的时候，燕教授就跟着一整天，活动从早上开始，他也从早上赶过来一个一个汇报听过来，然后给我们一个一个去做点评。他有一次大概是胰腺炎动手术，手术后不到一个星期，又坐到会场给我们讲课，一讲就是一天。我觉得就是这种对学术研究的敬业精神，对我们这些学员的影响更大。其实你想他研究非智力因素，然后他用非智力因素在感染大家，包括他自己也以他对学术的这个热情在不停地研究。徐老师每次都会把大家集中在一起，然后还会把一些教育领域的灵魂人物、重要人物，比如谢立民、张民生这些人都请过来，让他们谈他们自己的成长经历。在工作室其实就是让我们感受到了一批大家，他们是怎么一步一步成长起来的，在跟这些名师面对面的这个过程当中，会让你感觉到学习的魅力、研究的魅力和专业成长的魅力，你就不会去想其他的东西，而是专心研究。

在我们的行走中，不止一位老师向我们感叹，现在的很多专业培训活动其实让基层教师十分苦恼，因为“科研让我们搞课题，教员让我们上课，培训班让我们搞培训”。而且，在培训过程中一线教师会从教学实践中带来很多特别丰富的一线经验，一些很好的做法，但是专家听不明白，他不能理解教师，不知道做这个有什么意义；同样地，教师有时也不能理解专家抽象的理论介绍，不能理解谈这些对于自身的教学有什么帮助。而专业活动的要义正在于承担“桥梁”的作用，帮助对接教师的实践经验以及专家的专业理论，把专家所讲的转化成教师能够听得懂、能下手去做的事。

“读书—实践—研究”是老师们对徐崇文学习所的总结概括，所谓教育科研，上要能联结抽象化的理论，下要能与教育实践结合，指导、改善教师的教学活动。作为一种专业的教学具有极强的实践性，作为教学专业的从业者，教师的专业发展也就必须指向于教学专业实践的改善。[5]

【吕洪波】这边（学习所）的学习是一种理论上的一些东西，但是这种东西跟你原来在学校里就是不一样的，因为每天他讲的一个东西，我马上就跟我们工作结合了，我觉得收获很大，所以徐老师这个基地进去之后，我就觉得是一种全新的感觉。

燕国材教授一直参与到这个指导团队里面，所以他就一直是把这些东西作为指导他研究的一个东西。那我就想这个没问题的，这个肯定是我们任何一种研究超越不了的，而且这个神经学的研究，国际也好，国内也好，都是特别领先的。另外我就发现，他在做一件事情，就是把这种新的研究成果转化成我们教育教学上可以借鉴的一些东西，这个太重要了。有一次他带我们到北师大去，当时他们有一个研究，在实验室里有个很高规格的国际先进的东西，特别开眼界。然后我就在想他们研究的这个东西，如果直接让我们一线的老师来看，没用了，没办法用了，看也看不懂，对吧？但是经过徐老师他们的转化之后，那么我们的老师就知道怎么做了。

所以我就在想，区县的这个科研室或教育学院的工作也应该是这中间的一个桥梁中介。所以我后来在我自己的工作里面，包括我在科研室的时候，我跟科研室的老师讲的时候，我也是这么要求的，也是这么说的。我们的一个老师他要做课题研究，那学校可能也请了高校的专家，然后也请了我们区县科研室的老师，那么我们区县科研室做什么呢？我们有很多老师去了以后，就说感谢学校给他一个学习的机会。对呀，那肯定是个学习的机会，你有了这样的机会，你学到了专家教授的一些观点，对吧？但是你不只是一个学习者，你要思考这个东西怎样和你的工作结合。我发现了很多次，专家们在那讲得特别好，我们基层的一线老师，在这听，听完以后谢谢他们。那么换句话来讲，我们一线的老师讲了很多特别丰富的经验和很好的做法，但是我们的专家听不明白，他不能理解你，不知道你做这个有什么意义。所以我就说我们科研员要起中间这个作用，你要把专家所讲的转化成我们老师能够听得懂的，要做这件事情。

（五）师生同框，“信”在其中的修行

若论专业修行的最高境界，想来莫过于专业自觉了。在另一些场合，我们也会议论学术信仰。两者说辞有别，所论其实是同一件事——当事者对于自己所奉行的职业准则或学术理论的信任程度。坚信自己的职业认知，就表现为专业自觉。布鲁诺临刑前高声宣称在真理面前半步也不后退，就是学术信仰。在社会科学领域，学术信仰的缺失必然使学术沦为宣传，职业准则的丧失必然使专业沦为表演。所以，古人把“笃行”视为学—思—行的最后归宿。今人称“专业自觉”，西人谓“学术信仰”，古人倡“笃行”，这些都是最难的职业与学术修行。

“信”的问题怎么修？这是苏格拉底遭遇的疑题——道德可教吗？尽管苏氏给出的答案明确，可两千多年中答对的并不多，这不仅是苏氏的执念有别于《中庸》的智慧，最根本的是缺少了生活的锤炼，“心中的律令”靠得住吗？娜拉可以义无反顾地出走，但是鲁迅的深刻在于，走了，还要回来。走，可以痛快；回，总是无奈。面包不可能从丰满的理想中掉下来，“信仰”的确立不是一觉醒来完成的，而是在生活的炼狱中被千万次地拷打锤炼而成的。我把中国古人解决这个问题的经验称为“师生同框”，就是师生在共同的学习生活中相互影响、共同成长。其实，这也是教育的本源。古人把早期的学校叫“序”“庠”，孟子说：“夏曰校，殷曰序，周曰庠，学则三代共之，皆所以明人

伦也。”(《孟子·滕文公上》)用今天的话来说，学校就是教学生学会做人的地方。可见，古时候的学校不仅是教导未成年人的处所，也是敬养尊老的地方。据《礼记·王制》记载：“有虞氏养国老于上庠，养庶老于下庠。夏后氏养国老于东序，养庶老于西序。殷人养国老于右学，养庶老于左学。”庠分上下，序分东西，学分左右，原来都是“养国老”的地方。至于养国老的目的，孔颖达说：“养老必在学者，以学教孝悌之处，故于中养老。”(《礼记正义·王制》)在庠和序中生活着的长者，在照料孩子的过程中，通过展示成熟的社会生活经验，引导未成熟的个体成长，帮助他们更好地融入社群中，教育就是这么形成的。当年孔子亲驾马车携一众弟子周游列国，游说王臣诸侯，可谓一种示范；宋明以后，师生同框的经验被书院较好地保留了下来，为知行合一的“笃行”修炼提供了制度化的保障。反观古今中外被人津津乐道的教育经验，无论是西南联大，还是伊顿公学，师生同框是共同的风景。道理其实不复杂，大学(university)的本义就是师生联合体。当师生同框日渐成为一个远去的记忆的时候，徐崇文和他的团队为我们做出了生动的诠释，在这个同框的镜头中他不仅身先士卒开垦出了学习科学的系列成果，也引导了一批可畏的后生。

【吕洪波】你会感觉到基地就像是一个大的家，徐老师没有那种(不务正业)，你也是正儿八经，认认真真地在那儿学习，在这些过程里你都会学到体悟到。比如说我们前面那些老师，有的时候他们的一些活动我们也参加，我们在活动过程里还跟那些老师交流沟通，这个就是那种我想不到用什么样的语言来表达，就是那种氛围，那样的一种环境营造的那种课程。隐性的课程，对吧，他就在影响着你，我觉得这也是一种课程。

【梅洁】(跟着)徐老师学习的那个年代，有一点比现在好，就是我们每次在一起活动的时候，徐老师会把我们的生活安排得特别好，就像父亲一样。他到一个地方就会关注那里什么最好吃，他很讲究生活的情调品位，而且他要请我们去吃一样东西之前，他会自己先吃一场去体验一下，好的话他才带我们去。因为经常有活动，有活动大家都在一起，学员的凝聚力就很强。现在你带学员完全不会这样，开完会然后你就走了。

他会为我们创造这种场景，比方喝茶，很多东西就是在这个时候交流碰撞出来的，重要的是在生活场景中。你在学术交流会谈的都是事先准备好的，一本正经的，但这种思想的火花往往都是在生活场景中无意间碰撞出来的。

他还会把我们带到各种地方，比方说带到哪个博物馆去参观。其实在出去的过程当中，更让我感受到他对你的影响是一种视野的打开。我觉得这个不光是参观，那个时候我们都能够坐圆桌，大家在圆桌上就会谈自己的想法，谈自己的研究，谈自己未来的规划，在这种情况下就能看见“真实在河道里面游泳”的那个场景。

与现在过于制度化、职业化的教师培训不同，徐崇文的学习所更类似于中国传统的书院，在这里师和生之间的情感联系更为密切，在“打靶练习”“圆桌聚餐”“文化之旅”这些生活场景当中产生影响。学员中有一大半出生在20世纪70年代，而徐崇文本人当时已年逾七旬，所以他经常跟那些学员开玩笑：我们是“70后”伙伴。这些“70后”伙伴就常常聚在一起切磋讨论教育问题，一同考察历史文化景点，一同享受有情调的美味，也一同完成各项具有挑战性的任务。《学习报》的“教师专业发展版”就是在徐崇文牵头下由学习科学专业委员会和学习报社合作的项目，每一期都是徐崇文组织学员自己组稿、自己编撰、自己主持，至今已经出版超过百期。如今，已届八十高龄的徐崇文依然每一期都会对他们的工作进行指导，脑际跳出他乐此不疲的神情，浮出他的那些学员们热情高涨的身影，令人羡慕，也不由得会联想到孔子和他的弟子们生动交流的场景。毋庸讳言，这样的影响要远远超过简单的专业化的正式指导。

二、第四项修炼：持续不断地思考和探索

上文已经详细分析了在授业活动中寻找问题、思考问题的重要性，也分析了教育问题的复杂性因素。可以说，教育中遇到的真问题多半不好解决，对这些问题的认识需要进行持续不断的思考和持续不断的实践，众所周知的学困生问题是如此，德育问题是如此，授业效能问题同样如此。学习科学就是一个与授业效能密切相关的问题，徐崇文和他的团队是如何进行持续不断的研究的呢？

（一）咬定青山不放松的执着

“咬定青山不放松”是受访老师都提到的一句话，这也是徐崇文老师一直提到的一句话。所谓“咬定青山”，就是要找到一个“进入得了各门学科，又能够超越各门学科”的真问题持续深入地研究。研究型教师，不是整天追逐新兴热潮，“东搞一耙西搞一耙”，而是要真正找到属于自己的、稳定的适合研究的点做深、做透。“教育研究是一辈子的事情”，徐崇文不仅是这样教导、要求教师的，学习所近四十年来聚焦于学生学习的历史也同样是这么践行这一理念的。

【吕洪波】我刚才一直讲一句话叫“咬定青山不放松”，徐崇文老师也一直讲这句话。所以这个咬定青山不放松，就是他这些年里一直在这样做。1982 年开始，他就一直持续不断地做；他越做越感觉到有东西可以做，那这样子的话就一轮一轮地做下来了。徐老师如果没有这种（精神）的话，我相信那个时候写完那一本书就结束了。当然了，这个现在看好像还没有什么，但是真正当你咬定青山做的时候，你就会发现问题越来越多，你可研究可思考的东西越来越多。

研究什么呢？有的时候，今天这个（热点）来了，明天那个热点来了，应接不暇的，所以我就一直在想，就是说你作为一个区县的科研员，那么你首先应该是研究型教师，研究型教师你的研究点在哪里，或者说你自己的专长在哪里，这个要搞清楚。

【梅洁】徐老师身上有一种品格魅力，感染我们的就是他对教育研究的执着和专业、淡泊名利，你从他身上感受到的就是这种学者的品格。我觉得我们跟他在一起，我就会心很静，很淡泊，因为他就是很纯粹的一个人，他身上的那种纯粹又能够感染和带动我们。徐老师这么多年就是强调两点，第一强调学习研究，第二强调学生研究。所以他从“九五”一直到现在，一轮轮沿着学生研究、学习研究这条线索，执着于专业的研究，这对我们有很大的感染和影响。就是说我们自己就能很专心地去做我们专业领域的研究，不像人家东打一枪西打一枪。

现在我们承担的工作常常不纯粹，常常很杂，包括我自己，既有学校科研管理的任务，又有心理健康方面的工作要做，还要承担民盟等社会工作。但是你会感觉到你在所有这些工作当中，你有一条你自己的线索，在多头的工作当中肯定不能忘记自己的专业方向，我觉得这一点是从徐老师那里学来的。

【王天蓉】徐老师说他一辈子就这么三句话：第一句话是教育科研就是搞学问的；第二句话是中小学是大有学问的，不要瞧不起中小学，中小学教育教学是大有学问的；第三句话是搞研究要咬定青山不放松，不要老是东搞一耙西搞一耙。

有一次徐老师说他给我们看他们三个人（怎么做研究），让我们学习。每一份课题方案都打印出来让我们看，魏老师帮我们解读。我们就看在这个过程当中怎么一步一步深化地发展，从学习指导开始，然后再慢慢地就变成脑科学，再到学习科学这个领域。对我们来说其实就是一个示范，之前可能谁也没有跟你说过搞研究就是要搞一辈子的，要搞就好好搞一个，不要东搞一个西搞一个，对吧？徐老师就说，大家每个人都要找到一个稳定的专业发展方向。

有别于个体自发的学习活动，教育中的学习活动与授业行为关系密切，如何发挥授业活动的效能，这是教育中的学习科学需要正视的命题。

徐崇文从自己二十余年的教学经验中注意到，教学质量不高与学习方法不当之间存在因果关系，他把问题聚焦到学习兴趣、动机、意志力等方面，这在非智力因素研究中是重要的内容，构成了他的“学会学习”研究的主题；随即他把注意力集中到了“学习潜能的开发”方面；继而是“脑科学对于学习潜能的影响”；此后研究所在继任的魏耀发带领下不断地把思考深化下去，相继关注并研究了“适于脑的学习模式”以及“知识可视化工具的应用”。受到这些熏陶的影响，学员在各自的实践中持续深化着对这些问题的思考，如王天蓉的问题化学习和朱连云的深度学习不仅都获得了国家优秀教学成果奖，而且通过实践研究不断壮大着队伍。

为了给中小学教师开展教育研究提供帮助，徐崇文准备编撰一本指导书。但他的思考是编写这样一本书有两个挑战：一是讲教育研究方法的书已有不少，怎样做到有突破；二是怎样贴近中小学教师的实际，帮助他们解决在教育研究中的实际困难和问题。分析问题的症结，徐崇文认为问题有三个：一是教师在揭示教育教学中的问题方面存在困难；二是有问题怎样变成课题；三是如何选择合适的研究方法。归根到底，就是要解决为什么研究、研究什么和怎样研究的问题。

基于这样的思考，他们对该书的编撰框架有了思路，概括来说突出以下三点：突出问题情境；突出实例分析；突出研究思想。在问题情境中，列出重要研究领域，对相关领域的问题进行聚焦分析，打开教师的研究视野，帮助教师将自己的问题与相关研究领域建立联系。在实例分析中，对于每个研究领域给出两三个研究实例，并从研习立场出发，选取一个或几个角度进行分析，引导教师仔细揣摩案例结果的教育价值以及案例研究方法的学习价值，揣摩编者的用心，真正发挥教材的作用。在研究思想中，有一些拓展学习资料，包括教育和心理理论，也包括研究方法和方法论介绍。这样的持续深入思考让徐崇文和他的团队感到非常兴奋，于是全书八个章目形成了：

第一章，中小学教师的教育研究的定位，介绍了教师的教育研究特点、为什么要进行教育研究、教育研究的出发点与归宿。

第二章，中小学教师的教育研究的基本过程，主要从教育研究的一般过程出发，介绍和分析了问题、专题与课题的区别和联系，明确了课题研究计划的制订、实施与成果表述的方法。

第三章，教师怎样研究学生发展，介绍研究学生的意义和条件、该领域的一些重要研究视角以及相应的研究方法与具体案例。

第四章，教师怎样研究学生学习，介绍了学习研究的理论和研究取向以及一些重要的研究视角和方法。

第五章，教师怎样研究教学，介绍了课堂教学研究的取向以及一些重要的研究视角和方法。

第六章，教师怎样研究课程，介绍了课程与教材研究的基本内容以及一些重要的研究视角和方法。

第七章，教师怎样研究教师发展，介绍了教师发展研究的基本内容以及一些重要的研究视角和方法。

第八章，教师怎样研究学校发展，从学校发展规划的研究、学校实验项目的研究和学校特色文化的研究三个方面进行了专题介绍。

这就是徐崇文主编，王天蓉、李金钊、祝庆东副主编的《中小学教师教育研究读本》的由来。

延续着对这些问题的思考，近年来王天蓉和她的伙伴合作，编撰了《问题化学习：教师行动手册》，继而是《学会追问》《合作解决问题》《小学数学问题化学习课堂实践手册》《小学语文问题化学习课堂实践手册》《中学语文问题化学习课堂实践手册》。王天蓉固然是徐崇文培养的众多学员中十分出色的一位，但是受徐崇文影响，无论是学习科学研究所的研究人员，还是从学习科学研究所走出去的众多学员，都在各自的研究领域继承并发扬了持续深化地思考和探索的品质。

（二）引导团队成员申报课题、著书立说

当我们走进学习科学研究所，面对着满满一桌子的出版成果，在兴奋之余更多的是感叹。其

中不乏教育部和上海市教学成果一、二等奖，也不乏国家和上海市不同时期的重点课题，这些成果拿到哪个师范高校的学科评审中都毫不逊色。这些成果的取得，既是徐崇文和他的团队勇于进取、不断创新的结果，也是他们在共同体中鼓励和引导成员申报课题、著书立说的结果。

【徐崇文】我2002年初卸任黄浦区教育学院副院长，便开始做黄浦区第一期名师工作室的主持人。2002年暑假前完成学员推荐选拔工作。黄浦区第一期名师工程设五个名师工作室，都以主持人名字命名。分别是顾鸿达[①]数学名师工作室，徐崇文学习潜能开发研究名师工作室，万永富[②]小学语文名师工作室，黄静华[③]班主任工作名师工作室，邵黎柳[④]幼儿教育名师工作室。我的工作室从报名的50多名教师中选了14名学员，暑假前完成了组班工作，9月开始活动。

名师工作室主要还是培养人。我的工作室学员的学习方式是跟着我做教育部的重点课题，采用“读书—实践—研究”的方法，每人报一个子课题，在自己学校带一批老师一起做。我分专题进行指导，从课题设计开始，到开题论证、研究方法的选择、研究过程中的资料数据的收集积累、定性定量分析处理方法，直到结题报告的撰写，进行全过程指导。

在此基础上，徐崇文鼓励团队成员把个人研究的成果整理成书稿，公开出版。要知道，这在20年前一名一线教师出版专著是多么稀缺的景观，意味着著述者不仅需要付出勇气，还需要对个人经验进行多少次的总结和反思。在团队成员共同努力下他们取得了怎样的成绩呢？让我们来回顾一下：上海市教委“双名工程”项目与上海教育出版社联合为前两期学员设立了优秀成果精选“成长文库”出版专项，经过严格的申报、评审、立项及书稿审读，全市100多个基地和高级研修班，2000多名学员，共遴选出39本著作由上海教育出版社正式出版，其中徐崇文团队计有8本，占总数的五分之一。它们是：

吕洪波：《中小学教师专题反思研究》

李彦荣：《冲突与转变：教师课改行为研究的一个新视角》

陈德华：《教学中的心理效应》

王洪明：《做一个幸福的班主任》

梅洁：《成为智慧的学校心理教育者》

詹惠文：《让心灵自由——90后青少年心理问题及辅导》

姜兰波：《思想政治课激活教学导论》

王兰桢：《思辨与感悟——来自中学化学课堂教学的案例和思考》

除了医疗手术台和庭审法院等少数场所，专业，大概是今天最容易吓唬外行的一个称谓了，连地铁站外坐在小板凳上为手机贴膜的小哥都以“专业”为自己招揽生意。在教师授业活动中加入专业修饰，想法很丰满，尤其是当“阿尔法狗”都学会了“计算”的今天，骨感十足的授业活动难免被要求一会儿加入一点进课堂，一会儿减少一点在课堂，却从来未听见什么“专业”的嗓子出来发声。问题是，教师授业活动中的专业成分几何，迄今为止议论纷纷却难见定理，也少见原理，大概不错的还是常理，其中持续不断的思考、持续不断的实践，应该是教师进入专业反思、提升专业能力的一般常识，也是徐崇文和他团队修炼的一条重要经验。

参考文献：

[1] 斐迪南·滕尼斯．共同体与社会——纯粹社会学的基本概念[M]．林荣远，译．北京：商务印书馆，1999：71.

[2] 彼得·圣吉．第五项修炼：学习型组织的艺术与实务[M]．郭进隆，译．上海：上海三联书店，1998：5.

① 数学特级教师，曾任黄浦区教育学院院长。
② 语文特级教师，曾任黄浦区第一中心小学校长。
③ 德育特级教师，全国优秀班主任，曾任尚文中学语文教师。
④ 幼教特级教师，曾任荷花池幼儿园园长。

[3] 王静文 . 国内外有关学习共同体研究现状综述[J]. 学周刊，2015（1）：5.

[4] 黎进萍 . 专业学习共同体中的教师专业发展：美国的实践及启示 [D]. 兰州：西北师范大学，2007.

[5] 崔允漷，王少非 . 教师专业发展即专业实践的改善 [J]. 教育研究，2014（9）：77-82.

Community in the "Practice in the Same Frame": The Five Practices of Xu Chongwen and His Team

WU Guoping[1]　HUANG Dehao[2]

（1. Shanghai Normal University, Shanghai 200234;

2. Shanghai Teacher Training Center, Shanghai 200233, China）

Abstract: Community as a sociological concept has existed since ancient times, and learning community has recently received a lot of attention in the field of education. In the tradition of teaching professions in ancient China, there is a simple form of learning community accompanied by "mentor-apprentice teaching". In the process of guiding the development of the team, Mr. Xu Chongwen uses practical problem solving and reading-practice-research led by famous masters. At the same time, teachers and students are in the same frame to ensure the achievement of "trust" in the team, so as to realize the effective interaction between learning and practice. In the community, the research team focuses on problem-solving and mechanism exploration of topic research and achievement transformation.

Key words: Practice in the Same Frame, Community, Institute of Learning Science

（责任编辑：汪海清　黄得昊）

课堂教学视频分析方法的局限与优化

——基于校本研究的视角

魏宏聚 任玥姗
（河南大学教育学部 河南开封 475004）

［摘 要］随着教育信息技术的发展，基于视频的课堂教学分析方法在课堂研究中逐渐扮演着不可取代的角色，不同类型的课堂教学视频分析方法极大地改变了课堂研究者的思维方式，产生了较好的效果。然而，这些方法在校本研究视角下却存在着很多问题，主要表现为用“科学性”掩盖了“真实性”，用“理论性”替代了“可操作性”，用“研究性”遮蔽了“适切性”。校本研究视角下课堂教学视频分析方法的特征是指向中观和微观的教学问题，实用性和可操作性的统一，日常教学和研究的融通，专业研究者与一线教师结成研究共同体。其操作程序可以围绕着选取典型的视频案例片段、对选取的典型片段进行定性分析、升华归纳为实践性教学理论三个步骤展开。

［关键词］视频分析 课堂教学 校本研究

随着现代化视频数字技术在教育领域内的兴起和发展，以视频分析为手段的课堂教学研究受到越来越多的关注。教育研究者们已经意识到纯文本、图像类的素材性资源并不能完全满足新课程改革的实践需求，那些鲜活的、动态的，能够反映课堂教学实状的生成性资源，特别是那些优质的课例视频资源，是教育资源建设新的生长点。[1]有学者也提出：视频与图像转向，是21世纪教育学发展的重大转向。[2]课堂教学视频能够真实记录和随时复现课堂教学现场的情况，一定程度上能够把握教师教学行为的全貌，方便对课堂教学展开量化和质性研究。

视频分析被持续地关注也反映出对教师基于实践进行学习的重视。本文通过对基于视频的课堂教学分析方法的爬梳，挖掘其在校本研究视角下的局限，探索一种具有实践关怀和指向的课堂教学分析方法，从而促进教师深度学习和优质教学。

基金项目：本文是河南省教师教育课程改革研究重点项目“理想校本教研共同体的建构与运行机制研究”（项目编号：2021-JSJYZD-005）的阶段性成果。

作者简介：魏宏聚，河南大学教育学部教授，博士，博士生导师，主要从事教育基本理论、教师教育研究。
任玥姗，河南大学教育学部博士研究生，主要从事课程与教学论研究。

一、基于视频的课堂教学分析方法的梳理

视频分析方法在教师教育领域中的应用源于20世纪60年代，美国斯坦福大学首次提出利用录像技术开展微格教学的研究，微格教学的开展有效提高了职前教师的教学技能。20世纪末，教育技术飞速发展，越来越多的基于视频的分析方法开始在教育理论和实践界涌现。纵观国内外教学视频分析方法的发展，主要呈现出以下几种类型。

（一）基于科学量化分析的视频分析方法

20世纪后期，为了提高课堂观察的准确性、精确性，录像技术、编码技术等现代化的信息辅助工具开始在教育研究界流行。这种范式的视频分析方法以“科学量化分析”为基础，通过运用开发的相关软件工具对教师的教学行为进行统计分析，降低资料收集的难度，并提高统计分析的有效性和科学性。国外较为典型的基于科学量化分析的视频分析方法主要有国际数学和科学评测趋势（The Trends in International Mathematics and Science Study，简称TIMSS）、弗兰德斯互动分析系统（Flanders Interaction Analysis System，简称FIAS）。TIMSS是国际上首次大规模地使用录像技术研究教师教学行为的方法，主要是基于录像信息分析模式建立的信息编码表，是通过量化数据对不同国家的课堂教学情况进行横向比较，需要精心地设计编码系统和框架。但是，这样的编码系统要求研究者在不同的编码间作出良好的区分和精细的计时，所以编码的可信度就降低了。[3]FIAS主要是针对师生互动行为进行量化分析，以三秒钟为一个时间单位，对教师和学生在教学过程中的言语互动行为赋予一个编码，用作统计和分析的记录。FIAS一经提出，在教育领域中产生了重要的影响，在当时被认为是推动教育学革命的工具之一。[4]它能够客观、科学地对课堂教学中的行为互动进行观察、统计和分析。

21世纪初，我国研究者开始系统、深入地探索视频分析方法，较为著名的是华东师范大学顾小清教授及首都师范大学方海光教授基于“弗兰德斯互动分析系统”的优化和改造，并在此基础上开展了一系列实证和拓展研究。如顾小清等人通过改进“弗兰德斯互动分析系统”，开发出了“基于信息技术的互动分析编码系统（ITIAS）”。[5] ITIAS细化了课堂教学互动行为的分类，并且弥补了FIAS在对信息技术支持的课堂教学分析中的缺失。方海光等人提出了改进型弗兰德斯互动分析系统（improved Flanders Interaction Analysis System，简称iFIAS）。[6]iFIAS保留了弗兰德斯互动分析中教师语言的直接影响和间接影响分析，对学生语言、沉寂行为进行了改进，并增加了对教师和学生技术行为的分析。此后，穆肃等人以信息化教学环境下的课堂教学行为为切入点进行分析，开发出课堂教学行为分析系统（TBAS）和一系列方法，并对丰富多彩的课堂教学实录进行选择、分析和试验，从教师和学生的教学行为、课堂师生互动行为和媒体在课堂教学中的应用三方面进行分析。[7]程云在其博士论文中构建了基于视频的“课堂教学行为云”模型，[8]通过教学的实践证明，有效提高了课堂教学效率等。郑晓丽等人依据TIMSS的要求，通过对课堂教学信息结构进行两次编码后，再在Transana平台中对视频进行注释和切片，并应用弗兰德斯互动分析系统，采用定量与定性相结合的方法，对温州大学省级精品课程《现代教育技术》的教学视频进行了研究。[9]上述研究既有基于信息技术软件的研究成果，又有大量的实证研究实例，为后续研究提供了重要的经验指导。由此可见，基于视频的课堂教学分析方法在国外的发展较为成熟，我国的研究大多是在国外视频分析方法基础上的拓展和本土化，在理论和实践上都有进一步的提升空间。

（二）基于质性软件工具的视频分析方法

为了规避科学量化分析对课堂教学分析造成的局限，研究者开始采用质性软件工具对课堂教学视频进行分析，如高佩红在研究课堂教

学视频分析方法中选用了较为著名的质性软件工具 ATLAS.ti 和 NVivo 来开展具体的研究。[10] ATLAS.ti 是对质性资料进行分析的最为优秀的工具之一，能够对大量文字、视频、声音等信息数据进行定性分析，并能够根据研究者的需要把这些视频、声音资料转换成文字，从而对其进行编码分析。NVivo 作为一种质性分析工具，它具有较为强大的图表功能，能够同时开启不同视频并进行编码，便于研究者进行对比分析。然而，即使是上述两种如此典型的质性软件分析工具，在对课堂教学视频进行分析时也存在着很多问题，如操作较为烦琐，一个行为的编码操作要花费研究者较多的时间，这就造成了操作的负担。并且要保证对教学行为的分析判断不能出现差错，原因在于一些软件（如 NVivo）并不具有回溯功能。在教学行为分析的过程中，如若对任何一个行为判断错误，就需要从头再来一次，这将会浪费大量的时间。因此，使用质性软件对课堂教学进行分析对使用者的能力要求很严格，如若在使用的过程中操作不当，则会对整体研究的效率造成影响，并最终导致研究结果的偏差。

（三）基于现象学的视频分析方法

基于现象学的视频分析方法是以民族志、人种志、解释学、现象学为理论基础建构起来的，秉承"悬置"已有价值观念、"回到事实本身"宗旨，在德国得到了较为丰富的探索。事实上，民族志的课堂分析方法在我国研究领域并不陌生，云南师范大学王鉴教授曾在民族志的基础上提出"课堂志"的教学研究方法[11]，并对其进行了深入探索。随后，研究者们在此基础上展开了进一步的研究，如屈博等人将民族志与视频图像学进行融合，展开图像民族志的课堂互动研究[12]。彭杰也在借鉴德国现象学视频分析方法的基础上，对其进行了深入的阐述，并运用该方法展开了实证研究，用真实的案例为教师课堂教学分析提供了一种全新的视角。[13] 现象学的视频分析方法通过对身体维度、空间维度、时间维度、物质维度以及关注学生的消极经验进行分析，重点采用数据收集、现象学描述、现象学分析与解释、比较和类型化等方法展开研究。现象学的视频分析方法通过细致、反复的视频观察，能够促使分析和解释更加接近"事实"本身，对促进教学改进、教师成长具有一定的价值。但是现象学的视频分析方法对分析者的理解、注意、观察、表达能力要求较高，不仅要求研究者具有较好的文字描述能力，还要求研究者具有能够结合对应的教育学理论进行分析的能力，并且对研究者的时间和精力要求较高，这对长期繁忙的中小学教师来说开展起来较为困难，因此在实践场域中并没有得到广泛的应用和推广。

（四）基于课堂教学案例的视频分析方法

基于课堂教学案例的视频分析方法主要是指捕捉课堂教学中的典型事件或关键事件，对其进行分析的方法。教学案例应用到教师教育领域已经有 30 多年的历史，被舒尔曼认为是能够"联结理论与实践，揭示教师在复杂的认知活动中如何运用高层次决策技能的有效途径"。然而，以文本为表达形式的教学案例无法完整地展现课堂教学的复杂性和多样性，随着教育信息技术在教育教学中的应用，基于课堂教学案例的视频分析方法应运而生，并在国内外得到了广泛的发展。在国外的研究中，学者们开展了大量实证研究，探讨了关于视频案例（video case）促进教师专业发展的举措，尤其是在促进教师提高专业洞察力[14]，开展自主反思等方面开展了一系列研究，并在研究的基础上，将视频案例与教师学习共同体有机结合起来，形成视频俱乐部[15]。视频俱乐部作为一种典型的视频案例分析方法，为教师审视教学、教学行为的改进提供了新的方式和新的视角。我国也较为重视视频案例的研究，尤其是在中小学实践中，视频案例分析方法被认为是促进一线教师校本研修的重要工具，如齐振国等人提出执教者观摩学习与自我反思的视频案例分析模式，通过选取视频案例、观摩视频案例、新发现、自我反思、改进教学等一系列步骤，促进授课教师进行自我反思。[16] 但就目前的研究来看，关于视频案例分析方法的研究还都局限在其理论基础、价值和影响的讨论上，缺乏系统性、针对性和可操作性的理论基础和实践指向。虽然也有部分关于视频案例分析方法应用模式和实践探索的研究，但都较为浅显，并没有展开系统化的深入研究，更没有在中小学实践中形成一定的应用规模，这是视频案例分析方法亟待发展和深化的地方。

二、校本研究视角下课堂教学视频分析方法的局限

“校本”的英文是“school-based”，意思是“以学校为本”，其概念最初源于国外的管理领域。研究者在组织管理中发现，将决策权放手给一线生产者是提高企业生产效率的最快速有效的方式。从国外校本研究的产生历程可以发现，校本运动发展的原因在于人们对教育领域中“工具理性”和“技术理性”的批判和反思，主张教育理论与实践的有效结合。从校本研究的视角去审视基于视频的课堂教学分析方法，可以发现当下对视频分析方法的研究大都局限在理论探讨的层面，缺乏对其实践场域中应用价值的考察。事实上，课堂教学是教师的教和学生的学的双边活动，是不断变化的动态过程。课堂教学视频分析方法的应用要考虑到中小学教师的适用情况，以及对本校实践问题的改善情况。由此，在校本研究的视角下，当下基于视频的课堂教学分析方法存在着一些局限，主要表现在以下三方面。

（一）用“科学性”掩盖了“真实性”

当下，对课堂教学进行研究最为流行的是量化的视频分析方法。科学量化分析的教学视频分析方法是一种基于“先在理论”的研究，是一个“自上而下”的分析过程。以编码、评分、赋值为特征的量化的视频分析方法本身具有很多局限性。第一，量化的视频分析方法过度追求科学的数据统计，用有力的数字说话，过于关注教师某个教学行为发生了“多少次”“多长时间”，忽视其发生的原因和背景，这无形中掩盖了教学行为发生的“真相”，不利于教师从经验中进行反思。第二，量化的视频分析方法以具体的时间为单位，对教师的教学行为进行判断，实质上是对人的行为的割裂和肢解，破坏了其内在的整体性、人文性和艺术性。教育的对象是活生生的人，课堂教学是充满生命律动的场域，教学过程中有很多行为是教师根据具体的情境生成的，因此，冷冰冰的数据往往难以形象和深度地解释教师教学行为背后的价值和意向，更难以通过捕捉典型的教学行为特征，来实现教师教学行为的优化。

（二）用“理论性”替代了“可操作性”

当下，“理论界”的视频分析方法较多，“实践界”的视频分析方法较少，主要表现为视频分析方法的理论性较强，可操作性较差，操作过程繁杂且难度较大，甚至很多方法不具有操作性，这违背了方法的本质特征。事实上，对课堂教学进行分析的过程也是发现问题并解决问题的过程，也是对课堂教学“捉虫”的过程。对教育现象的“捉虫”，本质上是寻求事物的“为什么”。“捉虫”反映了教育学人的思维方式——“研究”，善于分析教育现象背后的原理，是学术品位的体现。[17] 然而，方法作为一种为达成某种目的而选取的某种方式或手段，具有实践指向性。课堂视频分析不仅要为教师呈现理论上的价值，使教师领悟教学行为背后的原因，更要为教师提供一套“怎么办”的实践改进策略。有研究者指出：“中小学教师更多重视的是理论的可行性与实用性，他们所关心的往往是‘如何执行’‘怎样操作’等操作性范畴内的问题。因此，教育学者的话语方式和学术思维方式常常令中小学教师感受到一种距离感和疏远感。”[18] 如果课堂视频分析方法不具有指导性和实施性，那么一线教师对具体的教学行为研究仍会是“一头雾水”“模糊不清”，这种情况下也会导致他们对研究结果的信服度降低。

（三）用“研究性”遮蔽了“适切性”

最为关键的是方法的开发和选用不仅要关注其操作性和有效性，还要注重使用主体的客观特征。对课堂教学的研究最重要的主体应该是一线教师，但是传统的基于视频的课堂教学分析

方法的适用主体大都是研究者或专家，脱离了一线教师的工作实际，忽视了一线教师的客观特征，更适合专业研究人员使用。

这里的客观特征指的是一线教师参与教学研究的能力和心理特征，表现为是否能够快速掌握使用视频分析技术进行课堂教学研究的能力，这种能力又影响到教师是否能够从心理上、情感上接受此种研究方法，从而影响到该方法的使用率。我们几乎没有见过一线教师自主地运用 NVivo 软件或 ATLAS.ti 软件来对自己的教学行为进行分析。虽然这些软件在研究者心中占有非常重要的位置，对理论研究具有较大的价值，但对一线教师来说，繁重的教学工作负担已经使教学研究边缘化、消极化，更别提再让他们花费更多的时间和精力去学习如何使用这些“烦琐”的软件。因此，虽说这些软件对开展课堂教学视频分析具有很强的研究性意义，但却不适合一线教师使用。由此可见，对适切性的寻求是实践场域中教学视频分析方法发展的重要走向。

三、校本研究视角下课堂教学视频分析方法的优化选择

没有学校参与尤其是一线教师参与的教育研究，是无法较好地在实践场域中推广和应用的。在长期与一线教师合作和交流的过程中，笔者深深地感受到教师对适切的课堂教学分析方法的迫切需求。实践指向的课堂教学视频分析方法要围绕着校本研究“为了学校、在学校中、基于学校”的特点展开，并且对课堂教学的分析要符合教师教学行为的本质，结合课堂情境进行分析和判断。但什么样的方法能够体现校本研究的特点？该方法又应具备什么样的价值理念，才能切实地促进中小学教师的专业成长？这是亟须反思和解决的问题。

（一）校本研究视角下课堂教学视频分析方法的特点

需要注意的是，符合实践逻辑的校本研究视角下的课堂教学视频分析方法并非为了研究而研究，也不是束之高阁的作品，更不是研究者将中小学校作为实验基地的活动，而是真正能够为一线教师所用的教学视频分析方法。主要具有以下四个特点。

1. 指向中观和微观的教学问题

校本研究视角下的课堂教学视频分析方法主要解决的是具体课堂教学中实际面临的问题，这种问题不是宏观的问题，而是中观和微观的问题。其中涵盖了显性的教学行为问题，如教学设计行为、提问行为、教师回应行为、板书行为等，以及难以观察的隐性行为问题。用“以小见大”的方式对教师教学行为的典型性和代表性问题进行诊断和解释，即在小世界中探索大世界。教师既是研究的主体，也是研究的客体。教师通过研究和分析，将研究过程中发现的结果直接应用于实践，以提高自己的教学技能，改进教学行为。

2. 实用性和可操作性的统一

校本研究视角下的课堂教学视频分析方法的建构并不是为了开展高深莫测的理论研究，而是指向具有较强实践导向的应用研究，其研究的过程和结论应具有较强的操作性和目的性，成果应具有很强的实用性和推广性，既要指出“是什么”“怎么样”，又要指出“为什么”“如何做”。换言之，校本研究视角下课堂教学视频分析方法既要遵循科学性的逻辑，又要适合一线教师使用，并简便可行。分析的结果要有利于教师理解教学行为发生的原因，从而促进教师在分析过程中提高自己的教学能力，并在实践研究中深化自我认知，积累教学经验，提高研究能力和信心。

3. 日常教学和研究的融通

校本研究视角下的课堂教学视频分析方法是一种在课堂教学活动场域中进行的研究，是以一线教师为主体的分析方法。因此，其排斥“书斋”中的研究，而是面向“田野”，“面对事实本身”，充分考虑中小学场域的特殊性，在课堂教学发生的整体环境中，通过现场观察和录像观察相结合的方式，从课堂教学活动中获得第一手的研究资料，并对其展开进一步的分析。一线教师

教学任务较为繁重，不可能中断任务而转向与实践关系不大的文献研究。课堂教学分析方法也不是在资料搜集基础上的“静态”因素分析，而是放在整节课、整个教学设计、整个课堂情境中的动态考察。因此，校本研究视角下的课堂教学视频分析方法需要将教师日常的教学与研究协调起来，使教学与分析实现融合与平衡。

4. 专业研究者与一线教师结成研究共同体

在中小学实践场域内，教学研究活动的主体是一线教师，也就是说，校本研究视角下的课堂教学视频分析方法应方便一线教师使用。然而，由于一线教师的主要工作是教学，普遍缺失专业的学术素养，需要专业研究者的学术引领。因此，一线教师与专业研究者结成的研究共同体是校本研究视角下课堂教学视频分析方法有效开展的重要依托。专业研究者能够在前期选取视频、分析视频、升华归纳经验方面给予一线教师一定的指导和帮助，一线教师能够在实践教学方面给予专业研究者一定的启发，二者的有机合作能够促进校本研究视角下课堂教学视频分析方法的可持续发展。

由此，校本研究视角下课堂教学视频分析方法的目的是改进教学实践，研究对象是学校教学中的中观和微观问题，研究策略是在实践中进行研究。一线教师掌握课堂教学视频分析方法是对教师综合能力的更高要求，也是教师专业发展的内在诉求。如同“教是为了不教”“授人以鱼不如授人以渔”的道理，让一线教师自己掌握课堂教学视频分析方法是教学研究的关键和灵魂。

（二）校本研究视角下课堂教学视频分析方法的步骤

校本研究视角下课堂教学视频分析方法建构的目的是促进学校的发展，解决学校面临的实际问题；以学校中的一线教师为研究主体，通过分析典型的视频案例片段，来提高教师的研究和教学能力；充分考虑学校的实际情况、实际问题，深度挖掘学校的各种优质资源，从而激发整个学校的生命力。校本研究视角下课堂教学视频分析方法的过程就是选取典型的视频案例片段、对选取的典型片段进行定性分析、归纳升华为实践性教学理论的过程，其操作步骤如下。

1. 选取典型的视频案例片段

选取典型的视频案例片段是校本研究视角下课堂教学视频分析方法的第一步，要求分析者从个人经验、个人视角出发，在观课过程中选取典型的教学设计活动，即教学视频片段。典型的视频案例片段主要有以下两种。一是教师优秀的教学行为片段。这些优秀的教学行为是教师优秀的教学技能、智慧、经验的集合，对教师本人及其他教师都具有重要的学习及借鉴价值。但有的教师身在其中，“日用而不察”，难以发现其典型性和特殊性。通过选取这些片段，能够将教师无意识的惯习转化为有意识的行为，从而强化优秀行为，使更多教师的教学技能得到提升。二是教师不足的教学行为片段。不足的教学行为也可以称为有问题的教学行为，这些行为在课堂教学中依然非常常见。对问题进行归类和分析，更有利于教师反思自我，提高教学设计能力。选取具有典型性和代表性的不足的教学行为片段，对优化教师教学行为，提高行为的有效性具有重要价值。每一个教学案例都是教师相对独立的教学设计视频片段，都是从一线教师真实的教学行为活动中提取出来的。此外，在视频案例的选取过程中还需要关注课堂观测点，可以从教学目标预设与叙写、情境导入、教学目标呈现、有效提问、教学中生成事件的处理、小组合作的有效性、教学结构与教学线索、教学过渡艺术、板书设计、结尾等教学设计展开观察。观测点的确立有助于为教师指明课堂观察的方向，促使教师有针对性地进行关注，从而选取典型的视频案例片段。

2. 对典型的视频案例片段进行定性分析

第二步是对选取的研究对象进行定性分析。分析的基本思路是根据视频案例片段的特点，解释这一教学活动的操作原理，从而归纳为某一类教学设计，是由特殊到一般的过程。首先，对选取的教学行为片段进行定性，判断其为何种教学设计。定性一般包含三个层次：一是把典型片断归结为某节课的某教学设计；二是把典型片断归结为某学科的某类教学设计；三是把典型片断归结为去学科化、一般意义的教学设计。[19] 其次，为分析对象寻找判断的标准。校本研究视角下课堂教学视频分析方法的标准并非事先预设好的，而是研究者和教师在分析过程中基于教学理论和本土实践生成、归纳、总结出的，该标准直指教学行为的有效性、整体性、情境性、伦理性等。最后，根据标准分析研究对象，综合运用量化和质性的研究方法分析优秀的和不足的教学行为发生的原因、过程及可借鉴性理论。分析的过程既是教师提升研究能力的过程，更是教师深度理解教学设计原理的过程。需要注意的是，教师需要根据教育教学基本理论进行分析，这就需要教师不断学习和积累相关理论知识。

3. 归纳升华为实践性教学理论

根据上一步对典型视频案例片段的定性，分析者需要在教师学习共同体中进行集体展示。分析者以视频案例为载体，呈现视频案例分析的整个过程，教师们就这一视频片段进行集体、深度研讨，在此基础上进一步修正这一教学视频片段所类属的教学设计活动的原理或操作标准，从而对分析的结果进行归纳和拔高，使其升华为可操作性、实践性教学理论。归纳的过程是从特殊到一般的过程。这一教学理论并不是一成不变、千篇一律的，而是根据课堂教学实况，在实践中不断深化和拓展的，是灵活的、生动的、鲜活的实践性教学理论。归纳生成的实践性教学理论对优化教师教学行为，提高学校教育教学质量，促进理论与实践的结合都具有较为重要的指导意义。

综上所述，基于视频的课堂教学分析方法是新时代课堂教学研究和教师专业发展的重要抓手，是促进教师同伴互助、自我学习的重要途径。由于传统的课堂教学视频分析方法的理论逻辑较强，实用性和可操作性较差，一线教师往往难以有效运用，进而失去了课堂教学研究的本真。校本研究视角下的课堂教学视频分析方法为满足一线教师开展研究的需求提供了一种思维选择，并为校本研究活动的“落地”提供了一条实践路径，能够促使教师自主性诊断教学行为、解读课堂教学，使得课堂教学效果最优化。

参考文献：

[1] 胡小勇．区域性优质课例视频资源门户的建设框架研究 [J]. 中国电化教育，2008（6）：54–57.

[2] 李政涛．从“教育视频图像分析”走向“教育视频图像学”[J]. 首都师范大学学报（社会科学版），2019（1）：148–155.

[3] 夏雪梅．以学习为中心的课堂观察 [M]. 北京：教育科学出版社，2012.

[4] Cheffers J, Amidon E J, Rodgers K D. Interaction analysis: An application to nonverbal activity[M]. Minneapolis: Association for Productive Teaching, 1974.

[5] 顾小清，王炜．支持教师专业发展的课堂分析技术新探索 [J]. 中国电化教育，2004（7）：18–21.

[6] 方海光，高辰柱，陈桂．改进型弗兰德斯互动分析系统及其应用 [J]. 中国电化教育，2012（10）：109–113.

[7] 穆肃，左萍萍．信息化教学环境下课堂教学行为分析方法的研究 [J]. 电化教育研究，2015（9）：62–69.

[8] 程云．基于视频的课堂教学行为分析方法研究 [D]. 武汉：华中师范大学，2015.

[9] 郑晓丽，夏一飞．基于 Transana 平台的教师专业发展可视化分析案例研究 [J]. 现代教育技术，2009（7）：29–34.

[10] 高佩红．课堂教学视频分析的方法研究 [D]. 长沙：湖南师范大学，2011.

[11] 王鉴．课堂志：作为教学研究的方法论与方法 [J]. 教育研究，2018（9）：122–132.

[12] 屈博，孙丽丽．基于图像民族志的课堂互动研究——兼论教育视频图像分析的本体价值 [J]. 首都师范大学学报（社会科学版），2019（1）：156–171.

[13] 彭杰．现象学教育学视频分析：教师课堂教学分析的别样视角 [J]. 中小学管理，2018（6）：8–10.

[14] Sherin M G, Es E V. Effects of video club participation on teachers’ professional vision[J].Journal of Teacher Education, 2016（1）：20–37.

[15] Sherin M G, Han S Y. Teacher learning in the context of a video club[J].Teaching and Teacher Education,

2004（2）：163-183.

[16] 齐振国，荆永君．基于视频案例的课堂教学校本研修 [J]. 中国电化教育，2011（2）：103-106.

[17][18] 孙元涛．从"捉虫"效应与"喔"效应说开去——关于大学与中小学合作研究的理论分析 [J]. 上海教育科研，2006（12）：8-10+7.

[19] 魏宏聚．教学切片分析：课堂诊断的新视角 [J]. 教育科学研究，2019（2）：63-67.

Limitations and Optimization of Video Analysis Method in Classroom Teaching: From the Perspective of School-Based Research

WEI Hongju　REN Yueshan

(Faculty of Education, Henan University, Kaifeng, Henan 475004, China)

Abstract: With the development of educational information technology, video-based classroom teaching analysis methods gradually play an irreplaceable role in classroom research. Different types of video analysis methods in classroom teaching have greatly changed the thinking mode of classroom researchers and produced good results. However, there are many problems in these methods from the perspective of school-based research, which are mainly shown in the following aspects: using "scientificity" to cover up "authenticity", using "theory" to replace "operability", and using "research" to cover up "appropriateness". From the perspective of school-based research, the characteristics of video analysis method in classroom teaching include: pointing to meso and micro teaching problems, the unity of practicability and operability, the integration of daily teaching and research, the alliance of professional researchers and school teachers. Its operation procedure can be divided into three parts: selecting typical video case clips, qualitative analysis of the selected typical clips, sublimation and induction into practical teaching theory.

Key words: Video Analysis, Classroom Teaching, School-Based Research

（责任编辑：袁玲　苏娇）

论教师德性特征与发展策略

郭　婧　何茜茜
（上海市师资培训中心　上海　200233）

［摘　要］教师德性的内涵体现在专业道德、专业判断和专业实践三方面。本研究根据教师德性的要素开展调查，结果表明，当前教师的德性具有如下特征：第一，教师德性在真实的教育教学活动中，体现为平等、责任、耐心、真诚、尊重等专业品质；第二，教师的德性反映在实践中根据不同的对象和场景进行正确的专业判断；第三，学科教学是教师专业实践的基本场，向学生传授学科本质是教师最根本的德性体现，也是教师最根本的专业性体现。教师的德性发展面临一些挑战，如教师缺乏对专业道德的敏感性，教师的专业判断缺乏整体性，教师在专业实践中能动性不足等问题。为此，要引导教师正确理解教师德性，提升教师对工作中德性的洞察力；结合教育情境中的真实问题，引导教师辨析和推理，提高教师整体的专业判断力；在解决道德教育的问题中，激发教师与不同主体之间对话，提升教师的能动性，积累德育实践智慧。

［关键词］立德树人　教师德性　德性结构　德性发展　实践智慧

“以德立身，以德立学，以德施教，以德育德”是国家和社会公众对教师专业属性的最根本期待。随着社会转型和教育发展的步伐加快，教师的“德”不但包含从事教育活动时必须遵守的外在道德规范和行为准则，而且更注重以“以德育德”为自因的“德性”。教师德性的内涵发掘是对教师专业本质的有益探讨，教师德性的专业表达关乎高质量专业发展的实现路径。

一、德性本质与教师德性特征的提取

（一）人的德性内涵

当功利、权力和效率充斥在整个社会生活中时，德性就成为维持社会关系的合理性标准，为共同体追寻的利益与个人追寻的利益提供了同一性的指引。阿拉斯戴尔·麦金太尔（Alasdair

基金项目：本文是2018年上海市教育科研市级课题“国际化大都市学校领导力发展路径研究：基于文化资本补偿的视角”（课题编号：C18057）的阶段性成果。

作者简介：郭婧，上海市师资培训中心发展规划部副主任，副研究员，上海师范大学国际与比较教育创新团队成员，主要从事教师评价、教师政策研究。
何茜茜，上海市师资培训中心“大中小思政一体化中心”助理研究员，主要从事德育研究。

Macintyre）指出，德性是一种获得性的人类品质，对它的拥有与践行使我们能够获得那些内在于实践的利益……[1] 可见，德性的内涵是超越道德的动态存在，它既“使得一个人好”，又“使得他出色地完成他的活动”。[2] 麦金太尔指明了德性概念中的关键结构至少包括三层含义：德性是一种性情，德性是一种行动倾向，德性是一种实践智慧。

第一，当德性是一种性情状态时，它表现为一种习惯化的、特定的品质秉性，但是一定是“善”的、“好”的品性，具有“正当”的理由。第二，基于性情而发出行为或者行动时，要有理性的、审慎的、正确的选择作为支持，这种选择体现为“行动的倾向”，也就是选择用正确的方式去做正确的事情。第三，实践智慧将性情气质和理性倾向密切连接，为正确的目的选用正当的手段，并付诸实践。[3] 这样，包含意识、观念和行动在内的过程，将德性化为一个内在统一的整体。

在这一内涵结构下，德性具有三点特性：德性具有先天性，它始于人的前道德能力发展，并且持续在整个生命过程中；德性具有社会关系性，它需要在共同体生活中接受德性的立场、获得德性的理解；德性具有理性同向性，德性的能力相伴于理性的能力而成长，德性进步的同时，理性也在进步。[4]

尽管麦金太尔的德性理论已经得到广泛的认可，但教师作为一种特殊的职业，其德性的具体体现和结构具有特殊性。在麦金太尔德性理论基础上，本研究结合教师的实践，提出教师德性结构框架，并以这一框架分析和探讨现实中教师德性的具体表现、主要特征、现状挑战等问题，这对教师德性发展具有重要的现实意义。

（二）教师德性特征的提取

1. 教师德性的分析框架

德性必然存在于一定的情境中。德性的命题从日常生活进入职业世界后，成为现代生产力系统内部自由平等的伦理准则，更升华出职业使命与责任精神的担当。[5] 教书育人的情境总是复杂的、充满挑战的；教育教学本身就是一种德性实践，“让师生在追求教学内在利益的过程中，实现人的全面发展”[6]。在教育实践中，麦金太尔提出的德性内涵三重结构，从自我同一性的角度出发，可以为教师的德性修炼提供有力的逻辑支架。而作为教育场域中的实践主体，教师的德性又被赋予特有的职业特征。

不过，麦金太尔的德性理论具有很强的哲学思辨色彩，基于麦氏德性理论分析教师德性的文章也以思辨论述居多。本研究尝试对在麦氏德性理论基础上推演的教师德性要素结构进行“问题”转化，围绕“品德性情”“行为倾向”“实践智慧”共设计了 10 个具有一定情境性的半结构访谈题目，以此对真实工作状态中的教师德性进行整体性探究。

2. 教师德性的调查方法

在调查中，主要采用个别深度访谈和小组焦点访谈等质性研究方法，在上海的德育研究专家、区域德研员、中小学校校长和教师中开展实证调查。受访对象所在学校和教育学院覆盖了上海市中心城区、近郊区和远郊区。其中，受访教师所教学科覆盖了中小学语文、数学、英语、物理、生命科学、自然、历史、道德与法治、思想政治、美术、体育、信息技术等。①

每位受访对象根据访谈提纲回答问题。访谈过程中，研究者适当以“故事”“案例”“感受”等支架辅以引导。访谈结束后，研究者对访谈内容进行逐字转录、主题编码和归类分析，以教师德性内涵结构作为编码线索，综合提炼，进而描述上海中小学教师德性的画像。

二、教师德性的现实特征

（一）教师德性的现实状态

结合麦金太尔的德性内涵，在对访谈资料

① 访谈对象的编码规则为“岗位性质 + 受访序号 + 姓氏拼音首字母”，如第一位接受访谈的 W 姓教师的编码为 T1W，第二位接受访谈的 Z 姓德育研究专家的编码为 R1Z，以此类推。

的质性分析基础上，初步勾勒出教师德性在专业道德、专业判断和专业实践三个维度上的现实状态。

1. 教师的专业道德

教师的专业道德品质是在普适性道德原则、信念、规范和舆论基础上，对教育领域中独特德性精神的体现，是教师内心信念、处世态度、使命精神等个体性与社会性、内在性与外在性的统一。受访对象对教师具体的、稳定的品质秉性有一定共识，包括爱、良心、正义、平等、责任、仁慈、耐心、鼓励、理解、亲密、真诚、尊重、无私、敬业、奉献、自律等德目，而且这些德目在特定的教育情境中会产生不同的效果（T3Z、T3Y）。

访谈发现，教师们普遍认为要先育己再育人。在他们看来，教师作为一种助人性职业，必须通过自身的示范作用来实现这种助人性职能。只有当教师自己相信或坚守某些态度、价值、趣味时，才能够真正地将这些教授给他的学生们。教育教学作为一种具有独特内在利益的实践形式，它遵循基本的道德前提，因此教师需要具备良好的“德性”。对教师而言，只要他选择了教育活动，“他的善就在于发挥教育活动的‘固有能力’和完善教育活动”[7]，即职业赋予教师的德性。

可见，教师德性体现出一种专业道德。教师以“完整的人”的身份出现在不同的场域中，与他人一样受到私人道德和公共道德的制约，可反映在他自身具备的品质秉性上。而教师的专业生活一般多发生在学校教育教学活动的时间与空间中，这样独特的教育伦理世界要求教师的专业道德超越私德和公德，以“一种优良的、卓越的内在精神品质”确保教育实践内在利益的获得，对学生向“善”发展的影响更为重要。[8]

对教师来说，自身的德性非常重要。因为除了道德高尚者外，任何人都不能使学生道德高尚。换句话说，道德不是靠你教的，而是在潜移默化的环境中去影响的。（R1Z）

学生无时无刻不在复制你的品性；教师自身的德性对学生有着示范引领作用。（R1J）

2. 教师的专业判断

教师在学生的成长过程中总是受到一般成功标准的评判，人们很少在意孩子们有没有相关经验、有没有做好应对困难的准备、有没有克服困难的决心，以及道德人格和行为模式形成背后都经历了些什么。[9] 对教师而言，不仅要掌握学生事实性信息和规范性行为，更要尝试倾听学生个体的心声，了解学生行为背后的心理特征和影响因素，只有这样才能够超越学科知识教学，产生对学生道德、品格、价值等具有深远影响的行动观念。

因此，教师德性应体现出一种专业判断。人们为实现理想生活状态而开展行动时，总会发生行为倾向的选择过程。在教育教学过程中，教师的德性也反映在“决定正确行动”的价值判断上，例如，教师关注的学习对象、使用的互动方式、选择的讲授内容、捕捉的德育时机等，都反映着教师追求向“善”的教育成效时所作出的及时、合理、有效的专业判断。需要强调的是，教师的专业判断并非主体道德立场的自圆其说，而是要追溯到其作出判断与决策时，教师和学习者所处的文化脉络、生活状况，以及社会关系中存在的“共同的善”的观念等。

观察理解、时机把控和决策意识是教师进行合理专业判断的基础。受访教师们都赞同“要先观察学生、发现学生，再发展学生”的观点，特别是要关注每个孩子的成长背景和学习环境，尊重学生的差异性，为学生们提供适合其背景的个性化指导。

无论我接任何一个班，都会把每一个学生仔细地了解一下……孩子们的任何一个观点跟他的成长背景和学习环境有密切的关系。（T2W）

访谈也发现，有部分教师认识到随着工作年限、教学反思、与学生互动等经验的不断积累，他们在教育的最佳时机把控和决策干预意识上都有一定的提升或转变。例如，受访对象T1W认为自己在从事10年高中体育教学工作中，从最初只关注体育教学与训练，到逐渐关注学生各科成绩、心理状态和兴趣培养等多方面的综合发展。这位教师已经形成对学生状态的专业判断，并采用合适的教育教学方式，来支持学生在实践中发现自己、成就自己的“善”。

我现在回想一下，刚毕业第一年带学生时，其实比较忽略学生全面发展这一块……后来，我带啦啦队和篮球队，遇到了好几个特殊的孩子。在帮助他们的过程中，我就想办法把兴趣、特长作为激励孩子们提高成绩的动力……在体育训练中发掘学生的亮点，改变学生。比如，我们培养篮球队的体育生时，就要孩子们先做好人、读好书，再打好球。（T1W）

3. 教师的专业实践

教师德性必然体现出一种专业实践。麦金太尔德性论中的“实践”是指“任何融贯的、复杂的并且是社会性地确立起来的、协作性的人类活动形式，通过它，在试图获得那些既适合于这种活动形式又在一定程度上限定了这种活动形式的优秀标准的过程中，内在于那种活动的利益就得以实现，结果，人们获得优秀的能力以及人们对于所涉及的目的与利益的观念都得到了系统的扩展”[10]。教师的德性之于复杂的教育教学情境，便要“反映在教师处理教育实践中各种关系时”的行动智慧上。[11]

“好”（“善”）的德性不仅是一个目标，还是一个过程、一种能力和一场探究，它需要能动性的实践予以支持。[12] 德性的践行直接体现在教师的专业实践上。对教师德性的传统考察总是停留在师德的规范上，缺少对以德性为核心的教师专业性实践的考量。从访谈数据上看，教师的专业实践智慧主要表现在遵循学生成长规律、扎根学科本质以及“教育性”活动设计上。

与“人的德性”所面临的不可公度性挑战相比，教师德性在与学生互动对话过程中，则更容易以关怀者立场，引领学生向“善”发展。此时对学生成长规律、学习规律、道德认知与发展规律的掌握，是最根本的专业实践表现。如：T2Q 所在小学根据不同年级学生道德心理发育的特点设计了不同层级的序列活动；T1W、T2Z 和 T3Y 等中学教师也指出，他们的专题化德育活动非常关注中学生的心理、情绪、志向、自我管理、人生规划等领域。

学科教学是教师专业实践的基本场，向学生传授学科本质是教师最根本的德性体现，也是教师最根本的专业性体现。访谈中，绝大多数教师都已经意识到深入学科本质的重要性，因为它决定着对学生认识学科本质精神、理解学科知识、培养现实问题解决能力、获得学科价值的教育性等方面的影响。有时，一些影响是间接性、隐蔽性和渗透性的，与学科的教育性特征同步呈现“感染性”特征，是对学科德育元素与德育情感的传递。

在物理课程“速度”章节中，我通过让学生们讨论上海各种路面行驶速度来导入对学生的规则教育和生命教育。（T3Z）

我的信息技术课程上有一个“电子小报”的设计环节，希望加强学生对家乡、对国家的热爱，用这样的方法来培养他们的公民道德和公民人格。（T1Z）

我在生命科学课堂中采用得比较多的方法是创设情境教学，将生命科学的本质与学生们的实际生活结合起来，激发学生求真的科研兴趣和科学精神。（T3Y）

众多受访对象还指出，他们通过为学生创设多种多样的专项活动、系列活动，如“未来小公民”系列课程、职业生涯规划课程、生活指导课程等，来帮助他们去体验、探索和追求美好的德性，获得至善。与学科课堂相比，这类活动更需要学生们的主动参与和深入体验。这类活动中也充满了教师德性实践的讯息，不仅能对学生道德品格与价值趣味加以引导，专项活动课程中的德性体验还有助于学生价值判断能力的提升。

我喜欢在德育上使用两个字——“内化”……我喜欢用主题教育课和辩论课程来让学生有一个思考和辩论的空间。（T2W）

现在的孩子在很多事情上，跟我们过去的判断是不一样的。虽然我们不去暗示学生，或者直接强制学生说什么是对的，但我们还是要发挥教师的指导性和引导性。趣味无争辩，这是肯定的，但是趣味也有高低之分。对学生趣味、品质、价值判断的影响，也就是我们老师跟社会上其他职业不大一样的地方吧。（E2W）

（二）教师德性的本质特征

将调查结果中教师现实德性表现与麦金太尔的德性框架进行对比，可以发现，教师德性有一些独特之处。人的德性是为了实现“事物之善”，教师德性就是为了实现“教育之善”。[13] 在麦金太尔提出的德性内涵映射下，教师德性可以体现在专业道德、专业判断和专业实践这三个层面上，三者并非顺序关系，而是相互交织、螺旋共进的。其中，专业道德突出教师职业专属的品格特征；专业判断强化教师育人过程中的知行转换；专业实践彰显教师育人的实践智慧。

麦金太尔认为，人的德性具有先天性、社会关系性、理性同向性等特征；而在进入教育场域后，教师德性的特征则发生了一些变化。第一，教师德性中的专业道德，是在进入职业岗位后，受“利他性”制约而“后天”塑造的。在教育主体间关系中，教师扮演的是“成长后”的示范角色，一定是超越前道德能力。教师立德树人使命的“教育性”价值要求教师的专业实践特征必然行使引领学生追求卓越的“正向功能”。[14]

第二，教师德性具有教育文化生态性。麦金太尔无论是对社会关系原初性的阐释，还是专门对教学立场的描述中，都强调某个特定的共同体成员之间的相互影响。但就教师德性而言，教师与学生、家长等主体之间可能无法固定于某个特定的共同体，他们的专业生活流转在整个学校系统甚至跨越学校系统的文化生态网络中。同伴文化、课堂文化、校园文化、社区文化等，都影响着教师专业判断的合理性。

第三，教师德性具有关怀理性同向性。麦金太尔曾提出“所有的教学都要对学生本身以及所教科目的内容有某种程度的关切”，但他又认为“教学没有属于自身的内在善，它所具有的目的或意义都是来自它所服务的或促进学生参与的各种实践”。[15] 然而，教师的专业实践不仅要向学生传授学科认知方面的内容，要使学生理解学科学习的价值与意义，还要关注学生的学习、生活及社会情感状态，关心他们面向未来生活要坚持的生活方式。麦金太尔德性实践强调的是执行的品质，而教师德性实践还应蕴含一些对学生感性的关怀与理性的启蒙，引导实践理性与关怀理性形成有机统一体。

（三）教师德性发展面临的现实挑战

在与教师进行现实对话时，本研究发现无论是教师德性现状还是教师本身对教师德性命题的思考与认识，都还有进一步深化的空间。以下三类现实挑战需加以重视。

1. 教师缺乏对专业道德的敏感性

受访对象在叙述对专业道德的理解时，多集中于私人道德和公共道德两方面，重视以“道德性”影响学生的发展。但他们尚未将专业道德从“道德性”德目中分离、提取出来，比如：很多教师能够第一时间捕捉到学生的特殊问题、偏差行为，主动了解学生问题的成因；也有一些教师能够持续地为有特殊学习需求的学生提供适应性支持。教师开展教育实践时，诸如敏锐、洞察、意志、求真等品质是更具有专业特征的道德性体现，值得进一步挖掘。

2. 教师的专业判断缺乏整体性

教师面对独特性与多样性并存的学生时，教育决策的生成来自与各类重要他人的互动。以学生的生存环境为圆心，教师高质量的专业判断，需要向内走进学生的生活世界，向外跨界走近学生特殊发展需求的专业领域。获得家长的支持、认同与配合是大部分教师在个性化德性实践中最艰巨，也是最重要的环节。如受访对象E2W所言，“家长和社会给教师带来的最大问题就是影响了他们德性实践的胆量和作为”。此外，在实际的德性实践中，教师最关注的是有特殊需求的学生群体。如受访对象P1T强调，“教师除了对学科本体性知识和学科育德知识的掌控外，还需要能够‘跨界’，要掌握一些特殊教育的基本原则和规范方法”。当教师追求整体的“善”，关注每一个学生的完整发展时，教师的专业判断就必然要与学生、家长、学校、社区、专业机构等生态系统行为主体共生共长。

3. 教师在专业实践中能动性不足

教师是教育教学互动过程中更具理性思维的主体，教师的专业实践必然将主体意志或判断选择转化为教育教学行动，应凸显“主体功能”。目前，教师在学科教学、专题项目、社团活动等德性实践中，对难忘的人物、事件和激发学生改变的“闪光”时刻等都能如数家珍。教师在访谈的对话中不断唤醒自己为学生向“善”的付出，并在这种付出关系中增强自己的德性实践智慧。然而，教师作为德性实践的主体，还应该进一步呈现主体之“善”。在当前的教师德性画像中，呈现较多的是“我发现了学生的什么困境”“我为学生做了什么”等事实性陈述，但并没有教师自身如何向着更卓越目标发展的阐述，比如，“我想做一个具有什么样德性的好教师”等。长此以往，可能会造成教师德性的自我反思、自我革新、自我超越的力度不足。

三、教师德性发展策略的思考

对于教师德性的真实挑战，需要根据德性的本质和教师发展的特征，形成相应的培养策略，提高教师的德性。由于教师德性发展涉及个人的自我提升、校本层面的针对性培养和社会整体的价值氛围等，是一个复杂的问题，这里只作简要的分析。

（一）引导教师正确理解教师德性，提升教师对工作中德性的洞察力

教师是一个利他主义的职业。[16] 它不仅是学生知识的源泉，更拥有“让接触它的每一个人，比现在更好……尽力让这个世界变成一个更好的地方”这样伟大的、指向“改善”的目标。[17] 在这个目标的引导下，教师的德性特征一方面应在教育场域内外、在人生各个阶段中保持人格的同一性。

当前，绝大多数教师对学生的爱、关怀，对教育事业的责任感、使命感都非常充沛，并且尽量做到对每一个学生都公平公正。但是，教师作为活生生的人，在承担千头万绪的工作时，在承受社会、家长给予的负面情感时，在遭遇道德两难的教育困境时，往往会受到心理和情绪的影响。

情绪就在那里，控制不住时，对学生不公平的行为就出现了。（R1J）

情绪、偏好、冷漠等行为可能会导致教师关怀、公正、责任等德性表征不堪一击，破坏师生关系，破坏教师的道德形象，消解教师的示范角色。正如麦金太尔阐述的例子，A 教授因为被 D 的蓝眼睛所吸引或厌恶 D 的头皮屑而给了 D 不应得的成绩。那么，这就破坏了根据非个人标准处理他人功过的正义原则。[18] 教师有必要寻找调节个人情绪、释放心理压力的空间和方式，慎独自省，反求诸已，从而提高自身的德性品质。

另一方面，教师德性更需注重专业道德的建设，强化教师对职业独有的专业道德的认识。面对教师专业道德认识的遮蔽困境，需将对教师的德性关怀贯穿教师职业规范、日常教育教学和个人辐射引领的全过程，遵循教师德性养成的内在逻辑规律，关注教师的道德意识、情绪情感和精神世界，注重教师情境化和具身化的体验，以此来沉浸教师对专业道德的自我觉知，提升教师对日常工作场景中德性的洞察力。

（二）结合教育情境中的真实问题，引导教师辨析和推理，提高教师整体的专业判断力

教育教学中很多的“时刻”都需要教师作出明智判断后立刻采取行动，这就要求教师在已有的知识与技艺存储中，快速检索相似的新旧情境，调取合适的技术工具。[19] 特别是复杂程度较高的德育问题和偶发的德育时机，非常考验教师基于德性的判断与选择。所谓教师德性，应是特殊的、具有创造性的。[20] 这需要结合教师日常教育教学中的真实问题，进行研讨和推理，在真实情境中培养学生的专业判断力。教师成为一位好的慎思行动者，审慎的专业判断水平更决定了教师运用实践智慧开展行动的教化意义。[21]

而在现实教育场域中，教师德性实践多在教育教学工作中即兴地、凭经验而发生，教师在主

动或被动深挖行动背后的慎思过程和相应的科学依据方面还存在提升空间。一种普遍存在的现象是，教师对学生的学习认知问题、道德发展问题、心理卫生健康问题和特殊学习需求问题的分辨、识别与诊断能力不足，笼统、模糊地将上述不同类型的问题都归结于德育问题，运用相似的手段处理不同原因的问题。这可能在某种程度上过度膨胀了德育的实践负荷，同时又弱化了教师德性本身就该具备的专业判断属性。因此，教师亟待丰富的是对学生问题行为成因辨别的原理知识与分析解决能力，按照学生不同年龄阶段的认知规律和心理特征设计和实施教育教学活动，而非将教育教学中可用专业审辨而判断解决的问题都归约至德育问题或者心理健康问题。

（三）在解决道德教育问题中，激发教师与不同主体之间对话，提升教师的能动性，积累德育实践智慧

教师的德性是在不断解决实际问题过程中提升的。只有在真实的问题情境中，教师才能面对不同的主体和问题情境，进行合理的道德决策和判断，这种道德判断需要教师与不同主体之间积极对话，寻求解决路径。经过这种问题解决过程，教师才能积累丰富的道德教育经验和实践智慧，教师参与道德决策的能动性和积极性才能得到维持。

教师任何德性实践都离不开与学生、家长相关联的真实情境。教师德性的价值体现在文化生态网络下各种关系间的应对与互动。[22] 其中，最典型的"教育性"关系发生在师生互动和家校互动这两个过程中。有研究表明，学生、家长和学校教育系统之间的互动共同决定着学生的学业生涯发展。[23] 那么，教师的"善"如何在这些互动关系中实现成就学生发展的"善"的终极价值？

麦金太尔指出，对话是德性实践最常见的语境类型，但是理解对话的难度在于"把握对话线索的能力"。[24] 重构与学生的对话形式是德性实践有效互动的基础。在传统的观念里，教师德性实践属于"单向传递"的行为。[25] 访谈中也有很多教师相信，在与学生的对话中，爱、公正、无私、奉献等教师德性可以通过时间和场域潜移默化地为学生所模仿。然而，德性论视角下的实践，还强调通过任何一种连贯的、复杂的、有着社会稳定性的协作活动，达到某些卓越的标准。[26] 协作关系中的主体——教师和学生必须是共生性的存在。教师与学生互动形成"共生性的德性对话"，既要教学相长，更要精神共生、道德共进，共同获得超越自我的"善"的生命意义。[27]

教师德性实践不仅要引导学生构建好自己的未来生活，还要引导学生关心、参与甚至构建美好的个人生活、家庭生活和公共社会生活。[28] 此时，打通与家长的对话系统也尤为关键。家长在生活世界中对学生主体性发展的影响重大，教师与家长之间必须开展"信任性的德性对话"。与家长的对话时，一方面，教师要把握家校合作中的主动权，通过个人的德性品质和德性智慧，化解来自现代社会的理性、权利、自由，甚至是功利、私欲、攀比等造成的家校德育合作中离奇的"戏剧情节"；另一方面，教师还应尊重家长在家校合作和家庭教育过程中的主体责任，与家长之间建立稳定的信任机制，把科学的价值理念和德性实践落实到家校互动的每一个细节上，共同发现和探索学生成长的世界。

参考文献：

[1][10][18][24][26] 阿拉斯戴尔·麦金太尔．追寻美德：道德理论研究 [M]. 宋继杰，译．南京：译林出版社，2011：238；238；347；243–244；266.

[2][22] 叶方兴．德性为何是可欲的？——德性、价值与人的现实生活 [J]. 东南大学学报（哲学社会科学版），2021（1）：17–23+146.

[3][21] 高国希．德性的结构 [J]. 道德与文明，2008（3）：37–42.

[4][12] 胡娟．麦金太尔"辩证叙事探究"的道德哲学方法 [M]. 南京：东南大学出版社，2016：135–136；167–168.

[5] 张霄．麦金太尔的德性理论：一种实践筹划——以《追寻德性》为叙事背景 [J]. 江苏社会科学，2020（6）：165–171.

[6] 王凯．教学作为德性实践——价值多元背景下

的思考 [D]. 上海：华东师范大学，2008：15.

[7] 童建军 . 教师德性研究的三个基本维度 [J]. 上海师范大学学报（哲学社会科学版），2013（6）：24-31.

[8][11] 杨建朝 . 教师德性的内涵、核心表征与培育 [J]. 教师发展研究，2018（3）：16-21.

[9] 阿尔弗雷德·阿德勒 . 儿童人格形成及培养 [M]. 张晓晨，译 . 上海：上海三联书店，2017：27-29.

[13] 蔡辰梅，谢东晴 . 教师专业道德评价依据的探索及模型的初步建构 [J]. 教师发展研究，2020（3）：43-51.

[14] 高静 . 教师教学实践理性研究 [D]. 重庆：西南大学，2020：66-69.

[15] 程亮 . 教育的道德基础——教育伦理学引论 [M]. 福州：福建教育出版社，2016：93-100.

[16] Heilbronn R, Foreman-Peck L. Philosophical perspectives on teacher education[M]. West Sussex: Wiley Blackwell, 2015：58.

[17] 菲利普· W. 杰克森 . 什么是教育 [M]. 吴春雷，马林梅，译 . 合肥：安徽人民出版社，2012：151.

[19] 陈向明 . 中小学教师为什么要做研究 [J]. 教育发展研究，2019（8）：67-72.

[20] 张彦，韩伟 . 麦金太尔德性论对德育合理性困境的开解 [J]. 教育研究，2019（4）：58-66.

[23] Dumais S A. Early childhood cultural capital, parental habitus, and teachers' perceptions[J].Poetics, 2006（2）：83-107.

[25] 鲁洁 . 关系中的人：当代道德教育的一种人学探寻 [J]. 教育研究，2002（1）：3-9.

[27] 赵虹元 . 论教师的善性伦理及其实现 [J]. 教师教育研究，2019（3）：13-19.

[28] 鲁洁 . 道德教育的根本作为：引导生活的建构 [J]. 教育研究，2010（6）：3-8+29.

Research on Characteristics and Development Strategies of Teacher Virtue

GUO Jing　HE Xixi

（Shanghai Teacher Training Center, Shanghai 200233, China）

Abstract: The connotation of teacher virtue include professional ethics, professional judgement and professional practices. Conducting an investigation about the elements of teacher virtue, the results show current characteristics as follow: 1. teacher virtue is shown in such professional traits as equality, responsibility, patience, sincerity, respect and other qualities, which is found in real educational and teaching activities; 2. teacher virtue is shown in making correct professional judgments according to different objects and scenes in practice; 3. subject teaching is the fundamental field of teachers' professional practice. Giving the essence of subject to students is not only the most ultimate embodiment of teacher virtue, but also the core specialization of teachers. However, teacher virtue is still faced with some challenges including sensibility of the professional ethics, integrity of the professional judgement and initiative of the professional practices. Therefore, this paper further identified some strategies for teacher virtue development: guiding teachers to understand the nature of teacher virtue and improve their insight into the moral at work; facilitating teachers to learn rational analysis of the problems in real-world situation and enhance the holistic professional judgment; promoting teachers' initiative to accumulate practical experience and wisdom by arousing virtue-based interactive dialogues with different stakeholders.

Key words: Morality Education, Teacher Virtue, Virtue Structure, Virtue Development, Practical Wisdom

（责任编辑：袁玲　苏娇）

4L5S：基于行为改进的教师培训效果评估层级模型初探

陈振国 刘金华
（大连教育学院教师教育办公室 辽宁大连 116021）

［摘 要］教师培训效果评估一直是教师培训工作中相对薄弱的环节。很多教师培训项目的评估仍显粗浅，这体现在评估目的不清、评估层次较浅、评估内容欠缺、评估功能单一等方面。以评估创新为驱动，引领教师培训效果提升，是当前教师培训研究中的热点。作为区域教师培训工作的探索，基于行为改进的“4L5S”教师培训效果评估层级模型通过完整的层次设计与递进的流程再造，在突出过程性评估的同时，兼顾诊断性评估与结果性评估，呈现了一种创新的教师培训评估设计与实践形态，或可为教师培训效果评估提供范本与样例。

［关键词］教师培训 行为改进 培训评估

教育部在《关于深化中小学教师培训模式改革全面提升培训质量的指导意见》中明确将提升教师培训质量置于重要的地位。2018年，教育部等五部门印发《教师教育振兴行动计划（2018—2022年）》，明确提出“加强教师培训需求诊断，优化培训内容”“建立教师培养培训质量监测机制”“建立健全教师培训质量评估制度”。[1] 在教师培训“提质增效”背景下，加强教师培训质量评估管理，为教师学习提供高质量服务，是教师培训专业化的内在追求，也是教师培训机构专业化的题中应有之义。

一、教师培训效果评估存在的问题

教师培训工作研究者与实践者需经常问自己两个问题：培训有效吗？如何证明一个培训项目或一场培训活动的价值？现实中，他们尚不能很好地回答这两个问题，以至“评估”一事成为制约教师培训质量提升的“短板”。

（一）评估目的不清，缺少连续贯通的设计

教师培训机构通常会选择在培训结束时进行评估，以验证培训是否达到了预期效果，却未

基金项目：本文是全国教育科学“十三五”规划单位资助教育部规划课题“基于行为改进的教师培训项目绩效评估研究”（课题编号：FB180644）的阶段性成果。
作者简介：陈振国，大连教育学院教师教育办公室教师，主要从事教师专业发展研究、教育管理研究。
刘金华，大连教育学院教师教育办公室主任，主要从事教师培训管理、教师培训研究。

将培训前的诊断性评估和培训后的追踪性评估纳入评价范畴；培训过程中，因回避了教师成长档案袋的建设，致使学员反思性评价缺失[2]，对学员的增值性评价也因缺少了前测和过程性测评结果而无法开展。有效的评估应基于清晰的过程及结果证据，才能为纠偏和优化提供强有力依据，这必然依赖贯通培训全过程的一体化评估设计。仅在培训结束时开展实时评价，并不足以支撑教师培训项目在未来的行动改进。[3]

（二）评估层次较浅，多忽视培训与绩效的关联

有些培训机构将评估节点设置在培训课程之内或结束之时，单纯检测参训教师的反应，忽略了其对教育知识、教学技能的习得，没有深入到培训后其教学行为与态度的改变、能力的提高、教学绩效的改善等层次，也没有将对教师学习应用与转化的支持纳入评估范围。正如朱旭东教授所言，项目后评价是关注教师培训项目结束后，评价学员能否将培训所得带回学校和课堂，并最终影响学校、课堂和学生的表现……是反映培训项目效果的最终指标，然而也是当前教师培训效果评价中最为薄弱甚至是缺少的一环。[4] 这让评估脱离了应用环境，使得教师培训效果评估流于浅表。

（三）评估内容欠缺，仅关注容易衡量的指标

有的教师培训机构仅仅以调研的形式开展评估，例如，在培训结束时，通过问卷、访谈等形式询问学员的学习情况，了解学员对培训项目的主观感受与满意程度。柯氏四级评估模型包括“反应”“学习”“行为”“结果”四个由简单到复杂、由浅表到深入的评估层次。不过，受训者对培训项目的良好“反应”并不代表其从培训中真正“学习”到了东西，从培训中真正“学习”到的东西并不意味着能转化成实际的工作“行为”。[5] 满意度、参与度等都是现实中相对容易衡量的指标，但又是最基础、最低层次的衡量指标。

（四）评估功能单一，对评估结果的应用不足

很多教师培训效果评估注重鉴定性功能，对教师培训项目以鉴定与排序为主，以此来判断培训项目或者培训机构的优劣，呈现出“管理主义”倾向。[6] 从具体实践来看，这种类型的评估注重反应与学习层面的评估，注重结果导向性，依据简单的问卷或者评价工具，对教师的培训效果进行判断，忽视了教师的经验背景，也很少对教师培训前后的变化程度进行评判。此种做法忽视了参训对象的差异，忽略了教师培训评估的诊断性、发展性功能，对优化项目相关利益方的进一步决策与行动没有太大价值。

二、4L5S：教师培训效果评估层级模型建构依据与思路

笔者结合我国现行中小学教师培训评估实践中存在的问题，从教师培训特质分析出发，在借鉴国外经典评估模型基础上，初步探究有效改进教师培训效果评估的模型与框架，且提出基于行为改进的“四层次五步骤”（简称“4L5S”，L、S 分别是 Link 与 Step 的缩写）教师培训效果评估层级模型（见图 1）。

（一）模型建构依据

1. 基于教师培训特质分析

教师培训是推动教师专业发展的重要途径与手段。教师专业发展具有“持续性”，这体现为教师个体主体性和能动性在这个过程中越来越重要，包括个人反思所带来的认知、情感、知识和能力等方面的变化，使教师能够更好地在实践中改善教学过程。古巴（Egon G. Guba）与林肯（Yvonna S.Lincoln）指出，评估的目的不仅在于获取结果，更在于推广和使用结果。培训效果评估不仅是短期教师培训结果的反馈，比如专业知识与技能的增长，更是长期工作绩效表现和教育教学技能的提升状况的反馈。总之，为了突出“持续性”，需要强调教师培训效果评估，综合考量教师参与培训后的多维度发展状况。[7]

2. 基于经典层级评估模型

目前，经典培训评估模型主要有柯克帕特里克（Donald L.Kirkpatrick）的柯氏四级评估模型、

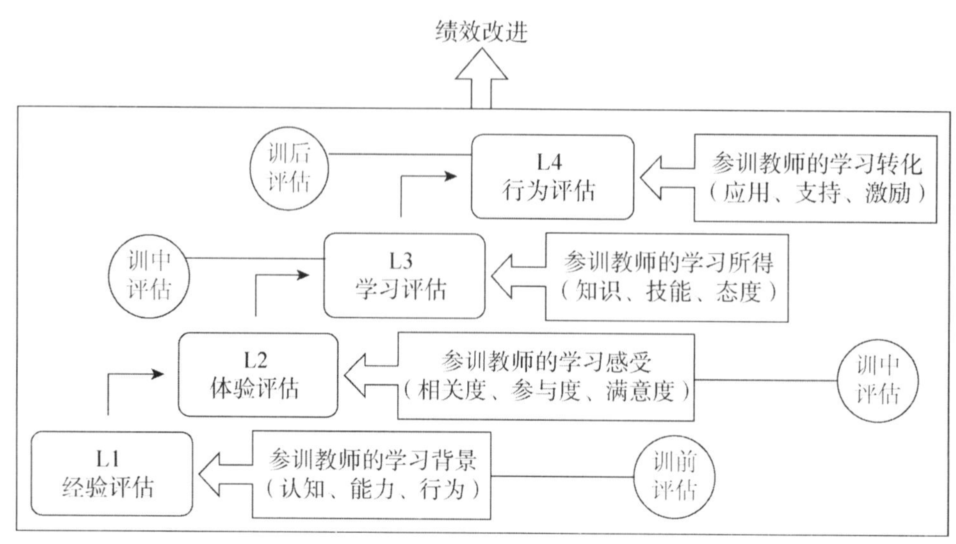

图1　基于行为改进的“4L5S”教师培训效果评估层级模型

古斯基（Thomas R.Guskey）的五层次评估模型、巴布（Sara Bubb）和厄雷（Peter Earley）的评估模型等，其中柯氏四级评估模型的影响力比较大，被广泛应用于实践领域。古斯基模型在柯氏四级评估模型的基础上增加了组织的支持和变革评估，强调外在的组织环境支持，注重推动学校发展的因素和活动对组织的影响。巴布和厄雷模型增加了组织的支持评估维度，强调学校的帮助与阻碍作用。[8]

（二）模型建构思路

除了主张测量教师对培训的参与度和满意度外，“4L5S”模型还创新性地关注到参训教师的经验背景与影响参训教师学习迁移的诸多因素，并坚定地将之纳入评估中。

1. 遵循“项目逻辑”，解决评估流程不全问题

项目逻辑往往会显示项目内容的时序性，具体可细分为培训前、培训中、培训后三个区间。“4L5S”评估模型建构，一是着眼于结果，对其培训结果或已达到的水平，即教师行为改进情况作出判断；二是着眼于过程，对获得结果的途径，即教师取得现有水平的前后行为变化过程作出判断；三是着眼于未来，对教师经培训获得的知识、技能、态度、价值观等在职场中的转化与应用情况作出判断。

2. 关注“行为改进”，解决评估证据不足问题

培训在本质上是一种学习。依据加涅等人的观点，学习意味着我们所知道的、我们所能做的以及我们行为方式的改变。[9] 所谓“行为改进”，特指通过各类学习发展项目，使教师在教育教学行为方面发生的积极变化。[10] 教师培训效果评估要将教师训前的行为表现与教师训后的行为表现进行对比。由此，“4L5S”评估模型有意回答两个问题：一是项目启动前教师的行为现状如何？二是项目结束后教师会出现哪些与项目相关的行为？二者均应是准确的、清晰的、可测量的。

3. 确定“关键指标”，解决评估内容不清问题

鉴于教师培训活动的复杂性，有大量的评估指标可供选择，但考虑到成本、时间、指标的易理解性，评估指标不宜追求“多而全”，须围绕评估重点将指标缩减至可测的几个关键指标。在明确行为改进与绩效改善的联系后，“4L5S”评估模型将教师行为改变和与之相关的课程、环境等因素作为关键评估指标，其他指标和要素的确定也紧紧围绕其与教师行为改进之间的相关性。

4. 追求“持续改进”，解决评估结果乏力问题

理想的评估应展示培训全过程中的关键数据和成果信息，通过将评估报告告知参训教师、相关学校与培训机构，以充分发挥评估的激励功能。“4L5S”评估模型追求将评估结果用于唤醒教师参与培训项目的内部与外部动机，激发教师学习和行为改进的动机和信心；引导学校管理者为

教师在培训后的学习转化与示范引领提供充分的绩效支持；帮助培训机构在整体上回顾、反思培训项目的设计与实施，发现持续改进的机会。

三、4L5S：教师培训效果评估层级模型解析

（一）Level 1——经验层评估之解析

开展培训评估的前提是明确评估标准。在训前开展经验层评估，既可为培训项目设计提供重要依据，又可为评估标准制定提供重要信息。

1. 评估内容与关键指标

经验层评估是对参训教师的知识、技能、态度、行为等情况进行“摸底性”评估，以充分掌握参训教师的学习背景。这一层次评估的关键指标有以下三个。一是认知现状，即参训教师在训前对培训主题所涉事实、概念、原理、理论等的认知现状。例如，“线上线下融合式单元教学设计”培训主题下，可在训前评估参训教师对“混合式学习”“翻转课堂”“单元教学”等重要事实与概念的认知情况。二是能力现状，即参训教师在训前对培训主题所涉策略方法、重要技能、关键能力等方面的掌握程度。例如，“线上线下融合式单元教学设计”培训主题下，可在训前重点评估参训教师在多媒体运用、线下教学设计与实施、线上教学设计与实施等方面的能力现状。三是行为现状，即参训教师在训前对培训主题所涉关键议题方面的行为表现。例如，“线上线下融合式单元教学设计”培训主题下，可在训前评估教师在日常教育教学中运用线上线下融合式教学的场景、频次与质量。

2. 数据来源与评估方法

经验层评估的数据来源多种多样，例如参训教师、学校管理者、参训教师同伴、学生。现实中，为了操作的便利，可以参训教师和学校管理者为主，以参训教师同伴和学生为辅。评估者需依据不同的数据种类，采用适切的评估方法与工具。一般而言，经验层评估常用的评估方法主要

表1　基于行为改进的“4L5S”教师培训效果评估框架

评估层次	评估内容	关键指标	数据来源	收集方法	评估工具	评估时间
L1 经验评估	参训教师的学习背景	认知现状 能力现状 行为现状	参训教师 学校管理者 参训教师同伴 学生	问卷法 访谈法 观察法	前测问卷 前测访谈表 前测行为观察表	培训前
L2 体验评估	参训教师的学习感受	工作相关度 学习参与度 培训满意度	参训教师	量表法 访谈法	体验评估量表 体验访谈表	培训中 （课程进行中） （课程结束时）
L3 学习评估	参训教师的学习所得	知识习得 技能掌握 态度转变	参训教师 培训专家	测验法 作品分析法 访谈法 模拟法	测试问卷 反思日志 行动计划表	培训中 （课程进行时） （课程结束时）
L4 行为评估	参训教师的学习转化	应用机会 转化支持 行为激励	参训教师 学校管理者 参训教师同伴 培训专家 学生	观察法 报告法 访谈法	行为观察记录表 关键事件记录表 职场追踪访谈表	培训后 （3—6 个月）

有以下三种。一是前测问卷法。评估者可依据培训主题，精心设计结构化或半结构化的前测问卷，重点收集教师训前认知方面的数据信息。二是训前访谈法。在培训开始前，评估者对参训教师、学校管理者、参训教师同伴、学生等培训相关人员进行访谈，重点收集教师训前能力方面的数据信息。三是观察分析法。在培训开始前，评估者通过观察、记录、分析参训教师的教学现场、教育教学录像、教育教学作品等，重点收集教师训前行为方面的数据信息。

（二）Level 2——体验层评估之解析

参训者对培训产生积极的情感体验，对培训内容的“内化”与“转化”十分重要。培训方对参训者情感体验的掌握与了解，可为培训的及时调整与优化提供重要参考。

1. 评估内容与关键指标

体验层评估主要是指培训结束时，征询学员的主观看法，重点包括对培训要素（目标、课程、师资、服务等）、参与程度、收获大小的反应与感受。这一层次评估的关键指标有以下三个。一是工作相关度，它是指在参训教师眼中，培训目标、培训内容与教师岗位要求、个体需求之间的关联程度。二是学习参与度，它是指在参训教师眼中，培训过程是否创造了足够多、足够有吸引力、足够有效的互动与对话机会。三是培训满意度，它是指在参训教师眼中，培训在课程设置、课程实施、授课专家、培训服务等方面是否提供了积极的情绪体验。

2. 数据来源与评估方法

体验层评估的数据来源主要是参训教师。体验层评估常用的评估方法与工具主要有以下两种。一是反应量表法。可运用纸质或网络形式的里克特式五分制量表，以了解参训教师对培训各要素的反应与感受。体验层评估往往面向全员，量表可在培训或课程结束时即时发放，即时回收。为引导参训教师更加严肃地看待自己的学习经历，要尽可能地将问题转化为以参训者为中心的问题，以引领教师在培训中尽可能主动地发现课程的价值。二是抽样访谈法。通过提前设计结构化或半结构化的访谈提纲，以个别面谈或集体访谈形式，针对关键评估指标，收集参训者对相关培训要素的看法与意见。考虑到现实情况，可以抽取一定比例的参训教师代表进行访谈。

（三）Level 3——学习层评估之解析

学习层评估意义重大，可以了解教师是否学到了新的东西，同时对培训设定的目标进行核对，以确保参训教师在学习层取得成就，是训后行为改进的前提。

1. 评估内容与关键指标

学习层评估是指在培训结束后，通过对教师对训前和训后知识、技能、态度的比较，测量参训教师对培训课程所涉原理、事实、技能的掌握程度以及在工作中应用所学知识的信心与承诺。这一层次评估的关键指标有以下三个：一是知识习得。它是指参训教师对培训课程所涉事实、概念、理论、观念等的认知和理解程度。二是技能掌握。它是指参训教师对培训课程所涉主要方法策略、操作技能等的掌握情况。三是态度转变。它是指参训教师在工作中运用新知识、新技能的“信心”与“承诺”。其中，“信心”是指参训教师相信自己能将所学知识、技能应用到工作中；“承诺”是指参训教师愿意将所学知识、技能应用到工作中。

2. 数据来源与评估方法

学习层评估的数据来源主要是参训教师与培训专家。学习层评估常用的评估方法与工具主要有以下四种。一是测验法，通过传统纸笔或在线测试对参训教师的知识掌握情况进行评估，一般在培训结束后进行。测验法可获取量化数据，故效度较高。不过，测验法对命题要求很高，需覆盖培训核心知识点与技能点，评估者可与培训专家共同完成。二是作品分析法，采集参训教师训前、训后与培训主题相关的教育教学“作品”，并对其进行对比分析研究，以了解参训教师知识、技能、态度方面的所得。三是访谈法，由培训专家或团队在培训过程中，通过具有代表性的问题访谈或提问，来了解参训教师对培训内容的掌握情况。现实中，访谈可采用“行动计划表”这种书面形式，除了可了解培训所学外，还能在学习与下一步的行为转化之间建立联系。四是模拟法，通常以现场操作或模拟为主，由参训教师操作、模拟，由培训专家指导打分。现场评估结束后，可辅以追踪观察。

（四）Level 4——行为层评估之解析

行为改进是衡量教师培训效果最为重要、最为关键的内容。只有参训教师真正地将所学知识运用到实际工作中，才预示着教育教学绩效的改善。

1. 评估内容与关键指标

行为评估是在培训结束一段时间，一般为3—6个月后，对参训教师的工作行为和职场表现方面发生的变化进行评估。这一层级的评估重点是确定参训教师在多大程度上应用了培训所学知识，或在多大程度上发生了行为改进。这一层次评估的关键指标有三个。一是应用机会，即对参训教师将培训所学知识与实际工作相结合的行动进行评估，评估预期行为出现的场景、频次与质量，即衡量参训教师运用培训课程内容和方法工具解决工作中的疑虑和困难的有效程度。二是转化支持，即考虑到影响参训教师学习转化的两大核心变量：一是来自培训方的专业指导，二是来自学校管理层的管理支持。在训后，重点就这两方面评估参训教师的绩效支持系统。三是行为激励，即将参训教师的行为改进与绩效挂钩，这类评估常见于与转岗、晋级、评职等相关的考核。在教师培训效果评估中，可围绕行为改进，采用类似的奖惩措施。

2. 数据来源与评估方法

行为层评估的数据来源是多方面的，比如参训教师、学校管理者、参训教师同伴、培训专家、学生等。行为层评估常用的评估方法与工具主要有以下三种。一是行为观察法，即跟踪观察法。项目组在训后亲自到工作现场或采用观看录像，借助“关键事件记录表”，观察并记录参训教师在教育教学实践中的行为表现，并与教师以往经验进行比较分析。二是行为报告法。现实中，行为报告法又包括多种形式，其中常见的有工作日志、关键事件、成功故事。其操作重点是邀请参训教师参照行动计划，结合培训内容，梳理行为改进的承诺事项、具体措施、资源支持、完成情况等。三是360度访谈法。通过开展面向参训教师、参训教师同伴、学校管理者、学生的访谈，来收集有关行为改进的资料，借助“职场追踪访谈表”，重点衡量训后行为表现及其发生前后的情境与条件。

（五）5S——评估步骤之解析

1. Step 1：界定关键行为

确定评估什么是培训效果评估过程中最重要的决策。考虑到成本、时间、指标的易理解性，可以将培训评估指标缩减至可量化的几个关键行为指标。例如，在面向名优教师微课开发能力培训的评估中，将关键行为界定如下：（1）参训教师能在培训期间修改1门自己开发或实施过的微课；（2）参训教师能在培训之后开发1门属于自己的微课；（3）参训教师能在培训之后应用1门自己开发或实施过的微课。

2. Step 2：形成评估证据

科学的评估一定是基于适切、充分“证据”的评估。在该步骤中，评估者需要完成三件事：一是确定比较标准，充分利用经验层评估所提供的原始数据；二是开展数据采集，评估者依据评估内容、数据类型与数据来源，选择相应的采集时间、采集方式与采集工具；三是开展数据分析，运用适宜的数据编码、汇总与统计方法，对评估数据进行综合评析。

3. Step 3：撰写评估报告

在对培训相关数据和信息进行整理、分析后，评估者结合培训项目背景与目标等，撰写正式的培训效果评估报告。评估报告的核心内容包括评估工作概述、四层级分析结果、评估结论建议等。

4. Step 4：反馈评估结果

一旦评估有了结果，评估者就有义务将结果汇报给培训管理者和培训关键利益相关方（参训教师、学校管理者、教育行政部门等）。培训关键利益相关方可依据评估结果，回顾培训问题与成果，并制定具体的行动方案，来推动培训持续优化与改进。

5. Step 5：推动持续改进

实践中，可从以下几方面入手，制订持续改善行动计划。一是寻求问题根源。例如，如果参训教师认为培训所学知识的实用价值不高，那么问题的本质到底是什么？是培训内容的问题，还是培训对象本身并非合适的人选，或是培训时机选择不当？二是采取渐进行动。现实中，很难对培训进行一次性“彻底改造”，可选择从相对简单或用时较少的问题开始。三是开展团队复盘。例如，在每日培训结束后，组织项目团队成员就培训流程要素进行反思研讨，梳理问题，及时调整，帮助项目团队从培训日常管理中抽身而出，以留出反思的时间与空间。

四、讨论与反思

教师培训效果评估是一项复杂的系统工程。笔者基于评估模型的构建作如下讨论，既是经验总结，亦是反思展望。

（一）主要经验

1. 基于教师培训的特殊性，开发简洁、高效的评估体系

好的培训评估一定是适切的。基于行为改进的“4L5S”教师培训效果评估在借鉴学习发展领域中经典层级评估模型基础上，充分考虑教师培训工作的特殊性，系统建立了培训评估标准设计、培训效果信息收集、培训效果跟踪与监控、培训效果评估方法选择、培训效果评估报告撰写等事项的工作标准，为教师培训效果评估提供了一份相对简洁、高效、实用的操作样本。

2. 基于教师培训的薄弱点，挖掘关键、可测的评估要素

现实中，培训团队遇到最大的挑战是从学习到行为的迁移。基于行为改进的“4L5S”教师培训效果评估直面问题，致力于让学习与应用之间的转化距离最短、转化障碍最小。从前端经验分析、价值证据链建立、项目设计到项目落地，将评估嵌入培训全流程，让评估成为一种思维方式和下意识行为。

3. 基于教师培训的规范化，开发科学、可用的评估工具

评估必须是与培训预期结果相关的、可靠的、令人信服的，而这都建立在数据信息准确、客观与多元基础上。基于行为改进的“4L5S”教师培训效果评估提供了培训效果评估的多种方法，明确了培训效果评估的实施步骤，开发了系列评估表单与工具，体现了培训评估的规范性。

（二）问题反思

一是绩效目标问题。“4L5S”评估模型强调“绩效导向”，因教育效用具有间接性与滞后性等特点，故很难确定一个培训项目所应达成的绩效目标；另外，影响绩效目标实现的变量较为复杂，培训项目对业务目标的贡献度还需要更多实证数据的支持。[11]

二是适用范围问题。尽管研究者试图尽可能在指标设置时充分反映教师培训特点，但因需测量训前、训后学习者的行为表现，它更适用于实践型、技能型教师培训项目。它们往往周期较短，强调对培训内容的即学即用。

三是评估操作问题。评估指标体系的构建是教师培训效果评估的基础，但如何科学实施评估更富有挑战。[12] 虽然研究者提供了若干不同层次评估的资料收集方法和途径，但实践工作受到诸多客观条件的限制，必须综合考虑可以利用的评估资源，以及评估方法和工具的可操作性，而这无疑是十分复杂的。

参考文献：

[1] 教育部．教育部等五部门关于印发《教师教育振兴行动计划（2018—2022年）》的通知 [EB/OL].(2018-03-23)[2021-11-06].http://www.moe.gov.cn/srcsite/A10/s7034/201803/t2018032 3_331063.html.

[2] 方征，雷爱萍．基于教师发展阶段特征的初任教师区分性评价探索 [J]. 教师发展研究，2020（4）：25-32.

[3] 曲小毅，王晓玲．我国教师培训有效性评价的问

题及改进策略 [J]. 教师发展研究，2021（2）：102-109.

[4] 朱旭东，宋萑 . 论教师培训的核心要素 [J]. 教师教育研究，2013（3）：1-8.

[5] 陈霞 . 教师专业发展效果评价模型评析——以 Guskey 教师专业发展评价模型为例 [J]. 大连教育学院学报，2010（1）：12-16.

[6] 丁文秀 . 当前基础教育阶段教师培训中存在的问题及改进策略 [J]. 上海教育科研，2010（9）：67-68.

[7] 亓俊国，白华，高美慧 . 中小学教师培训效果评估的改进策略研究——基于教师持续性专业发展的视角 [J]. 当代教育论坛，2020（6）：77-85.

[8] Bubb S, Earley P. Helping staff develop in schools[M]. Los Angeles: SAGE, 2010：56-57.

[9] R. M. 加涅，W. W. 韦杰，K. C. 戈勒斯，等 . 教学设计原理：第五版修订本 [M]. 王小明，庞维国，陈保华，等译 . 上海：华东师范大学出版社，2018：2.

[10][11] 刘金华，陈振国，关爽 . 行为改进导向的培训项目设计实践与探索 [J]. 中小学教师培训，2021（7）：6-10.

[12] 武丽志，吴甜甜 . 教师远程培训效果评估指标体系构建——基于德尔菲法的研究 [J]. 开放教育研究，2014（5）：91-100.

4L5S: A Preliminary Exploration of the Hierarchical Model of Teacher Training Assessment Based on Behavior Improvement

CHEN Zhenguo LIU Jinhua

(Office of Teacher Education, Dalian Education University, Dalian, Liaoning 116021, China)

Abstract: The assessment of teacher training effectiveness has always been a relatively weak link in teacher training. The evaluation of many teacher training projects is still very superficial. For example,the purpose of evaluation is unclear, the level of assessment is too shallow, the evaluation content is incomplete, the evaluation function is single. It is a hot spot in the current teacher training research to improve the effectiveness of teacher training driven by evaluation innovation. As an exploration of regional teacher training work, “4L5S”, the hierarchical model of teacher training assessment based on behavior improvement, through complete level design and progressive process reengineering, not only highlights the process assessment, but also takes into account diagnostic evaluation and results evaluation. Presenting an innovative teacher training evaluation design and practice form, the model can provide examples for assessment of teacher training effectiveness.

Key words: Teacher Training, Behavior Improvement, Training Assessment

（责任编辑：袁玲 苏娇）

中小学教师学习力测评工具开发与验证研究

李宝敏[1] 宫玲玲[1] 张士兰[2]
（1. 华东师范大学教育学部 上海 200062；
2. 上海市格致中学 上海 200001）

［摘 要］ 学习力是中小学教师适应时代发展、促进专业发展的重要方式。中小学教师学习力不仅直接关系到教师自身专业发展的高度，也会直接影响到学生的学习与发展。研究新时代中小学教师学习力，开展学习力测评，对提升他们的终身学习能力及专业发展水平具有重要价值。为了给中小学教师学习力发展测评提供科学依据，本研究结合理论研究、专家论证和多轮迭代的实证检验，构建了新时代中小学教师学习力模型，并通过项目分析、探究性因子分析及信效度验证，研制了新时代中小学教师学习力测评量表。综合多轮验证与检验，基于此模型开发的量表信效度良好，可作为中小学教师学习力测评工具，为我国新时代中小学教师学习力发展与测评提供依据。

［关键词］ 中小学教师 学习力 发展模型 测评

一、问题提出

终身学习是中小学教师适应教育改革发展与自身专业发展的必由之路。教师专业发展是自我完善与不断学习的过程。在专业成长过程中，教师需要借助不断的给养及外部支持来实现专业发展的进阶。当前，在国家大力推进新时代教师队伍建设之际，教师学习与发展受到前所未有的高度重视。中小学教师要做新时代的合格教师，成为政治素质过硬、业务能力精湛、育人水平高超的高素质教师，需要唤醒终身学习意识，提升学习力，成为有意识、有能力的主动学习者，以实现专业上的自我发展与突破。然

基金项目：本文是上海市自然基金项目“基于多模态异步融合的在线学习情感分析与干预研究”（项目编号：20ZR1416400）、华东师范大学与深圳倍思教育科技有限公司“未来学校管理创新联合实验室”（项目编号：2019QTR0087）的部分成果。

作者简介：李宝敏，华东师范大学开放教育学院教授，上海终身教育研究院特聘研究员，主要从事教师学习与专业发展研究。
宫玲玲，华东师范大学开放教育学院教师，主要从事教育信息化研究。
张士兰，上海市格致中学教师，主要从事物理教学、教育信息化研究。

而，管窥现实，教师教育实践中遭遇的困境与难题是：教师学习主动性与内驱力不足，经验借鉴力、学以致用的情境转化力不够，实践创新与创造力缺乏等。中小学教师学习力不足成为制约中小学教师学习与发展的瓶颈。学习力是教师学习与发展的核心内驱力，学习力决定发展力。中小学教师学习力不仅直接关系到教师自身专业发展的高度，也会直接影响到学生的学习与发展。实践与研究表明：教师学习力缺失与不足，成为影响教师自身发展和学生学习与发展的瓶颈。在终身学习与专业发展的双重背景下，中小学教师学习力成为值得研究的重要课题。提升教师学习力，让教师学会学习，成为有意识、有能力的主动学习者，实现专业上的自我发展与突破，既是一个实践性命题，也是新时代提出的基本要求。

研究与实践表明：教师学习成为教师专业发展的主要途径。通过学习，教师不仅可以在教育智慧、教学实践和道德方面得到更好的成长，还可以改善为师的工作态度和角色认知，使自己成长为对复杂教学情境有很强感悟力和解决问题本领的教师。学习力是中小学教师学习与发展的重要影响因素。当前，中小学教师学习力如何？如何开发有效的工具进行测评？本研究在建构中小学教师学习力模型的基础上，开发了新时代中小学教师学习力测评工具，以期为教师教育和教师学习力提升提供针对性的测评依据。

二、新时代中小学教师学习力模型构建

“学习力”是学习型组织中的重要概念，源于美国福瑞斯特教授（Jay Forreste）1965 年的构想，随后在管理学领域得到广泛应用，逐渐迁移到教育学、心理学领域。学习力的内涵较为丰富，也随着研究领域的变化而变化，但其结构框架存在着一定的共性。目前，较权威的学习力框架有“四要素说”“七要素说”“综合体说”等。克莱斯顿（Guy Claxton）提出学习力应具备四个要素，分别是顺应力（resilience）、策应力（resourcefulness）、反省力（reflection）、互惠力（relationships），以促进学习者的学习智慧生成。“七要素说”是柯妮卡（R.D.Crick）等人基于“四要素说”而提出的，包括变化和学习（changing and learning）、关键好奇心（critical curiosity）、意义形成（meaning making）、创造性（creativity）、学习互惠（learning relationships）、策略意识（strategic awareness）、顺应力（resilience）。[1] 美国哈佛大学的柯比（W.C.Kirby）教授在其专著《学习力》一书中对学习力的内涵进行了解读，建构了包含学习动力、学习态度、学习方法、学习效率、创新思维和创造力的学习力“综合体说”。[2] 在此基础上，部分教育领域研究人员提出教师学习力的构成要素，如：樊香兰等人在研究中提出教师学习力包括“学习动力”“学习毅力”“学习能力”[3]；崔振成提出了包含反思、接纳、探究力与生成力的教师学习力框架[4]。本研究借鉴国内外学习力研究的有关成果，形成中小学教师学习力整体框架，将学习力分为四个维度：学习驱动力、学习认知力、学习调节力、学习情境力，分别体现学习的四大系统：即动力系统、认知系统、调节系统、情意系统[5]。该框架整合了认知、情意、自我与人际四个领域，有利于发展教师的深度学习能力。

本研究从学习驱动力、学习认知力、学习调节力、学习情境力四个维度，构建了包括 15 个能力项的新时代中小学教师学习力内容要素。具体如图 1 所示。

（一）学习动力系统：驱动力

学习驱动力是激发中小学教师学习的动力系统，是引发与激发新时代中小学教师持续学习的关键，包括学习愿景、兴趣、信念、成就目标等，直接影响到中小学教师的学习行为。（1）愿景：具有清晰的专业发展愿景与职业理想目标，将学习作为实现教师职业目标与专业理想的重要途径，愿意通过规划有效的学习，并通过具体的行动来实现。（2）需求：需求是指通过学习可以满足教师的相关期望，包含学习兴趣、所预设的成就目标等。兴趣是指教师对专业学习的一

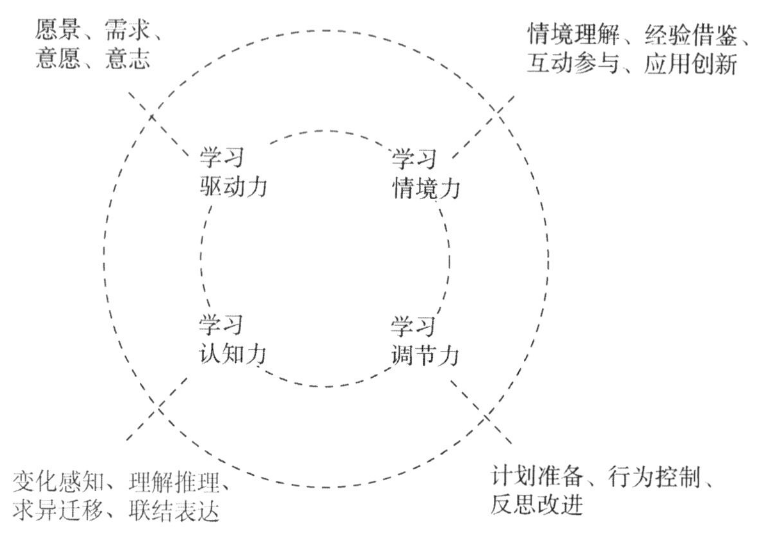

图1 新时代中小学教师学习力发展模型

种积极正向的认识倾向与情绪状态，是推动新时代教师学习求知与发展的一种内在力量。目标是指教师对学习活动及其目的具有一定的知觉与定向，能感知从事学习活动的理由及其目标方向。（3）意愿：坚信学习对自己的职业发展、能力提升和所追求的发展目标的正确性，具有为之付出努力的意向与意愿。（4）意志：在投入学习活动时，具有较强的意志力，能够排除干扰，自觉克服学习上的困难，具有不怕挫折的韧性和持之以恒的毅力。

（二）学习认知系统：认知力

学习认知力是新时代中小学教师对学习的理解和意义价值的认识，以及教师学习发生、发展的过程，能够根据需要综合运用多种方法或策略进行学习，包括变化感知、观察、判断与决策、联系与联结等能力。（1）变化感知：认识到变化对自身学习与发展带来的挑战与影响，对教育情境变化与自身专业发展需求有明确的认知，把握学习方向，对自身学习与发展具有一定的认知与预期。（2）理解推理：教师对日常教育情境中的事件具有敏锐的观察力与体察力，能运用一定的观察方法，观察教育情境及学生，进而形成自身的认识与教育理解，将其作为促进自身学习的资源与契机。（3）求异迁移：教师在学习中能进行独立思考，善于探究事物现象背后的原因，能突破常规性思维，善于质疑提问，对学习情境进行理性的分析和判断，进而采取积极的行动。（4）联结表达：教师在学习中能够将所学知识与应用情境联系起来，关注知识之间的内在联系性，并基于已有经验，将已知与未知联系起来，将自我经验与他人经验联系起来。

（三）学习调节系统：调节力

学习调节力是指中小学教师学习过程中的规划、管理、反思与调节能力。新时代中小学教师不仅能感知学习目标，还能科学地制订计划、预计结果、选择策略、预见问题及寻求解决方法。在学习活动过程中，他们能及时评价、反馈学习活动过程及结果，并能根据问题，采取相应的措施，及时作出修正调整。（1）计划准备：教师在学习中能有效准备计划与规划，通过对自身学习目标的感知，选择学习策略、时间安排和对结果的预期。（2）行为控制：教师能够对学习过程进行实时监控、记录、管理，对学习结果和预期目标的差距进行省察和分析。（3）反思改进：教师有较强的反思意识，会进行系统化反思，对学习过程和学习结果进行正确的自我评价、结果归因分析，并可以根据不同情境，动态调整学习行为、方法与策略，使学习行为向着预期的结果发展。

（四）学习情境系统：情境力

学习情境力是指中小学教师学以致用、用以促学的能力，教师提升自身专业实践活动的能力，包括情境理解力、经验借鉴力、问题解决与研究能力、实践转化力等。（1）情境理解：从复杂的教育情境中捕捉问题，用一定的教育理论、教育立场或视角分析、解释教育情境。（2）经验借鉴：对自我经历与经验的领悟、反思、理解、提升与发展、改造与行动，对他人经验的嵌入、借鉴、融合。（3）互动参与：积极参与同伴交流，在学习与实践共同体中愿意分享自己，向他人学习，能获得专业成长的力量。（4）应用创新：对教育变革中的新理念、新问题、新情境，能够积极探索与应用创新；对问题进行批判性思考，提出自己独到的见解，形成自己独特的教育风格与教育思想。

三、中小学教师学习力自我测评工具开发

（一）自评工具的开发与修订

中小学教师学习力测评工具的开发过程如图 2 所示。首先，通过文献研究、专家咨询、问卷调查、多轮研讨及修订，构建了中小学教师学习力模型，并在此模型基础上开发了能力测评问卷。其次，在问卷验证修订过程中，采用迭代方法，展开两轮小样本的测评，依据反馈信息及数据分析结果，进行修订，完善测评工具。为了保障测评工具的科学性与合理性，每一个题项的修订均经过专家组的研讨论证与学员的试测。综合上述分析过程，确立了中小学教师学习力的核心能力项及测评工具。[6]

（二）测评对象

测评对象为一线中小学教师。目前，已接受两轮测评：第一轮测评对象为 15465 人；第二轮测评有效样本为 21764 份，有效测评率为 99.48%。本次测评调查采用随机抽样的方法选择样本，为了增强样本的代表性，尽量选择不同年龄阶段与任教学科的教师样本进行抽样测评。

（三）数据收集与分析

测评数据采用集中填写与分散填写相结合的方式，针对测评数据进行严格筛选，剔除无效数据，最后进行数据统计分析。本研究采用 SPSS 工具对数据展开项目分析、探索性因素分析及信度分析，采用 Mplus 工具对数据结构展开验证性因素分析[7]。

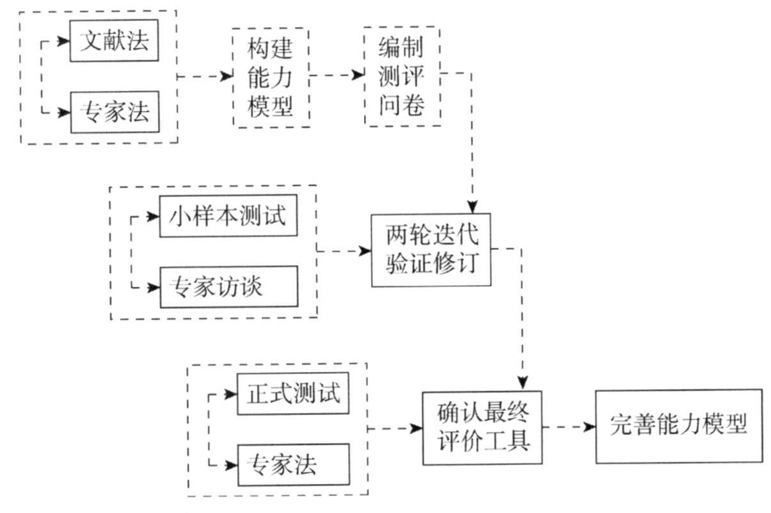

图 2　中小学教师学习力测评工具开发过程

四、结果分析

本研究根据两轮预调研的数据和专家意见对教师学习力测评工具进行了结构调整，删除无关题项，调整各维度的题项内容，最终形成了正式的测试版量表，并通过正式测试来完善量表结构，形成正式的中小学教师学习力测评工具。

（一）项目分析

首先，对量表进行遗漏值检验。全部的15465名受测者未产生遗漏，表示该量表的题项表述均符合受测者的认知水平，受测者未遭遇填答困难，无须删除题项。其次，分别对学习力动力系统、认知系统、调节系统、情境系统进行描述性统计、极端组比较与同质性检验，删除部分不合格题项。对各题项进行描述性统计，显示题项的基本性质，筛选出测验项目中鉴别度不足的题目。通过描述性统计筛选出同时满足以下标准的题项：（1）题项平均数明显偏离（项目平均数超过总体平均数的正负1.5个标准差）；（2）低鉴别度（标准差小于0.70）；（3）偏态明显（偏态系数接近正负1）。对各题项进行极端组比较，筛选出t检验未达到显著性的题项。对各题项进行同质性检验，筛选出与总体内部一致性欠佳的题项（内部一致性系数低于0.30）。经过项目分析描述性统计、极端组t检验与同质性检验，筛选出指标不合格的题项为A1-7、A2-1、A2-8、A3-5、A3-6、A3-8、A3-9、A4-6、A4-11、A5-2、A5-5、A5-6、B1-4、B5-4、C3-1、C3-2、D6-1。经项目分析后，删除此17道题项，并重新对问卷题项进行编号，进行模型的探索与验证。

（二）模型的探索与验证

本研究根据正式调研数据，对量表的题项进行探索与验证，调整量表各题项所在维度，删除不适当题项，形成最终的正式量表。为检验中小学教师学习力测评工具的潜在结构及其对教师学习力的影响，本研究将正式测验结果一分为二，进行探索性因素分析和验证性因素分析。

1. 探索性因素分析

本研究对中小学教师学习力测评工具中的4个维度进行探索性因素研究，揭示各维度间的潜在结构。4个维度的KMO值均大于0.80，达到“良好的”标准，这表示变量间有共同因素。此外，量表巴特利特球形度检验的近似卡方值达到0.05显著水平，这表示总体的相关矩阵间有共同因素，适合进行因素分析。每个题项的MSA值也大于0.50，且各成分抽取主成分后的共同性均大于0.20，变量均具有一定影响力，这说明教师学习力的四个能力子项适合进行因素分析。在探索性因素分析中，本研究采用主成分分析法对数据进行因子分析，并对因素负荷矩阵正交旋转，将特征值大小和前期理论研究基础预设的能力项作为因子提取标准。通过因素分析，研究者筛选出因子负荷过低（小于0.40）和多重负荷的（两个及以上因子负荷同时大于0.40。）题项。专家根据筛选结果进行研讨，决定是否删除异常题项。研究者根据同一维度提取的因子和各题项的分布，进一步对该测评工具的潜在结构进行解释。

（1）动力系统

根据理论研究成果，中小学教师学习力动力系统设置了4个维度。研究者通过探索性因素分析对其进行归类，提取了4个共同因素，分别为愿景、需求、意愿和意志，与理论预设相一致。其中，A1维度为教师专业发展的愿景，共设置了9道题项，考察教师是否将学习作为实现教师职业目标与专业理想的途径以及是否愿意通过规划有效的学习与具体的行动策略来实现。A2维度为教师学习的需求，共12道题项，包括教师的学习期望和学习兴趣、所预设的成就目标等。A3维度为教师学习的意愿，共4道题项，主要考察教师愿为学习付诸多少努力。A4维度为教师学习的意志，主要考察教师在投入学习时的意志力，包括排除干扰、克服学习困难和应对挫折等9道题项。

（2）认知系统

中小学教师学习力认知系统中B1-5、B2-5、B2-6题项在多因素上双重负荷，经专家讨论，确实存在语意模糊，所以删除这3道

表1　中小学教师学习力动力系统

因子命名	题项		旋转后的因子负荷			
			1	2	3	4
A1 愿景	A1-1	我能够清晰地概括出心目中理想的新时代好教师形象			0.587	
	A1-2	为了成为理想中的新时代好教师，我制定了详细的自我提升方案			0.727	
	A1-3	我所期望的新时代好教师形象对我的工作实践有较大的影响			0.694	
	A1-4	我心目中有理想的、有效的课堂教学景象			0.619	
	A1-5	为了实现有效的课堂教学，我制订了具体的学习计划			0.697	
	A1-6	关于理想课堂教学的尝试对我的工作实践产生了较大的影响			0.717	
	A1-7	我有明确的学生发展目标			0.706	
	A1-8	为了帮助学生实现发展目标，我制定了明确的行动规划			0.608	
	A1-9	关于学生发展的愿景对我的工作实践有较大的影响			0.605	
A2 需求	A2-1	我相信学习可以帮我实现专业理想，让我成为好教师	0.604			
	A2-2	我相信只要付出努力，就会有成长和进步	0.700			
	A2-3	我深信通过学习可以帮助解决目前遇到的困惑和问题	0.613			
	A2-4	我相信学习可以帮我更好地教书育人	0.743			
	A2-5	在学习时，我经常会鼓励自己贵在坚持，不要轻易放弃	0.630			
	A2-6	能够参加学校组织的培训或其他学习活动，我很开心	0.513			
	A2-7	学习的过程令我感到愉快	0.603			
	A2-8	在日常的教学工作中，我能够有意识地进行不断的学习	0.578			
	A2-9	我经常和同事交流学习中遇到的问题和困惑	0.638			
	A2-10	我认为学习结果与自身对学习是否感兴趣是分不开的	0.603			
	A2-11	我认为学习的努力程度对学习的结果有很大影响	0.768			
	A2-12	我认为学习的方法策略等对学习的结果有很大影响	0.788			
A3 意愿	A3-1	我从来不规定学习任务完成的时间，学到哪儿就到哪儿				0.765
	A3-2	学习是为了满足上级教育部门的要求				0.819
	A3-3	我常常在开始的时候对学习充满热情，过后就不想再学了				0.828
	A3-4	我常常需要别人督促才能完成学习任务				0.828
A4 意志	A4-1	我经常把学习成果以文章或者教学案例的形式呈现出来		0.652		
	A4-2	我经常就教学中遇到的问题进行反思和行动研究		0.628		
	A4-3	学习中遇到问题时，我会尽力找各种解决办法		0.569		
	A4-4	如果自己的学习方法不合适，我会去调整		0.580		

（续表）

因子命名	题项		旋转后的因子负荷			
			1	2	3	4
A4 意志	A4-5	即使学习不顺利，我也能保持良好的心态		0.674		
	A4-6	如果学习过程不顺利，我会思考原因并进行优化调整		0.658		
	A4-7	我不会因为个人的情绪和兴致的变化而影响学习		0.736		
	A4-8	我不会因为朋友相邀外出而放弃原本的学习任务		0.778		
	A4-9	我不会因为极有吸引力的电视节目或娱乐活动而放弃学习		0.732		

表2　中小学教师学习力认知系统

因子命名	题项		旋转后的因子负荷		
			1	2	3
B1 感知理解	B1-1	我能够认识到当前的教育改革发展及时代变化对自身专业学习与发展提出的要求和带来的挑战		0.667	
	B1-2	为了能适应教育改革发展要求，我迫切需要加强学习		0.788	
	B1-3	我相信通过自身不断的学习与行动努力，能更好地适应教育改革发展变化需要		0.808	
	B1-4	我能紧跟教育改革发展的需要，通过不断学习来提升自己，并成为符合时代发展需要的人		0.796	
	B1-5	在学习时，我会将学习内容与自身专业实践联系起来思考，判断分析其意义与价值		0.584	
	B1-6	我能认识到学习对促进自我专业成长的意义与价值		0.749	
	B1-7	我在学习时能理解学习目标和任务要求		0.743	
	B1-8	在学习中，我能把握学习内容的要点，并与自身实践联系起来，理解其意义		0.746	
	B1-9	根据学习与发展需要，我能自主选择学习路径与学习资源		0.644	
B2 求异迁移	B2-1	我会不囿于学习内容，探究问题及现象背后的原因	0.652		
	B2-2	在学习时，我能突破常规性思维，并愿意质疑提问	0.674		
	B2-3	在学习中，我愿意积极思考和提出问题，并常常对固定的答案或他人的观点提出疑问	0.740		
	B2-4	我常常思考问题另辟蹊径，提出与他人不同的观点与想法	0.848		
	B2-5	我能够将情境、信息、知识等与自我经验进行有机联系，基于已有经验，转化成个人理解并建构意义	0.744		

（续表）

因子命名	题项		旋转后的因子负荷		
			1	2	3
B2 求异迁移	B2-6	我会运用科学有效的方法对复杂的教育情境、课堂事件、学生行为表现进行有目的的观察与思考	0.664		
	B2-7	我发现有价值的信息、场景、片段时，会及时整理，并形成观察记录	0.647		
	B2-8	我会对观察数据及时记录，对观察结果进行分析、判断，形成专业理解	0.705		
	B2-9	我会在学习时基于自身理解，运用一定的方法策略形成知识脉络，形成自身知识	0.662		
B3 联结表达	B3-1	我愿意与他人交流经验，分享观点			0.733
	B3-2	我能够基于不同的目的，用恰当的方式表达个人思想观点			0.536
	B3-3	我在交流时，会先构思表达内容，然后说出自己的真实想法			0.629
	B3-4	我愿意在倾听他人中提出自己的见解，与他人形成有效的交流对话			0.680
	B3-5	我会洞察所学内容与教学实践情境之间的联系			0.688
	B3-6	我会思考如何将所学应用于具体的实践工作			0.676

题项后，进行探索性因素分析。认知系统预设了4个维度，分别为变化感知、理解推理、求异迁移和联结表达。根据删除3道双重负荷题项后的探索性因子分析，共提取了3个共同因子，变化感知和理解推理合并为一项。其中，B1维度为感知理解，共9道题项，考察教师对学习过程的变化感知，对学习的价值理解、内容理解等。B2维度为求异迁移，共9道题项，考察教师是否能进行独立思考，突破常规性思维，质疑提问，并将情境、信息、知识等与自我经验进行连接，转化成个人理解，建构意义。B3维度为联结表达，共6道题项，考察教师的分析、判断与行动决策能力，关注教师能否运用归纳、演绎等逻辑思维能力，将所学内容与真实的事实或活动连接起来，形成系统化的思想观念并进行表达。

（3）调节系统

中小学教师学习力调节系统中预设了3个维度，分别为计划准备、行为控制和反思改进。其中C1维度为计划准备，共9道题项，考察教师对自身学习目标的感知、学习策略和时间的安排以及对结果的预期。C2维度为行为控制，共3道题项，考察教师能否对学习过程进行实时监控、记录，对学习结果和预期目标的差距进行深入的对比分析。C3维度为反思改进，共5道题项，考察教师能否进行归因分析与改进，并根据不同情境动态地调整行为、方法、策略、计划、环境等因素，使行为向着预期的结果迈进。经探索性因子分析后发现，C2行为控制与C3反思改进维度属于同一共同因子，而根据理论研究，虽然这两个维度归于同一因子，但在教师学习力调节系统中仍属于两类不同能力，因此仍然在同一因子下区分为两个维度，而C2与C3归类为同一因子表明教师学习中的反思并不是在学习之后单独进行的，而是应该贯穿教师学习的各阶段，在反思中改进，螺旋式上升。

（4）情境系统

根据理论研究，学习力情境系统划分为情境理解、经验借鉴、互动参与、应用创新4个维度。经过探索性因子分析，情境理解和经验

表3 中小学教师学习力调节系统

因子命名	题项		旋转后的因子负荷	
			1	2
C1 计划准备	C1-1	我会为自己设定明确的学习目标	0.718	
	C1-2	我经常根据眼前要紧的事情设定学习目标	0.790	
	C1-3	我会根据眼前要紧的事情来安排自己的时间和策略	0.788	
	C1-4	我有明确的长期目标	0.679	
	C1-5	我能根据学习内容的不同难度水平把长期目标分解为恰当的短期和中期目标	0.746	
	C1-6	为了达到长期目标，我会根据学习内容安排恰当的学习时间和策略	0.720	
	C1-7	按照我的时间和策略来学习，会达到我设定的学习目标	0.623	
	C1-8	我能经常主动地进行反思	0.669	
	C1-9	我经常会想自己还有哪些不足，做法还有哪些问题等	0.739	
C2 行为控制	C2-1	我经常对学习的结果进行监控		0.576
	C2-2	我经常对学习的过程进行监控		0.764
	C2-3	我能根据学习的结果和预期目标进行对比，判断差距		0.632
C3 反思改进	C3-1	我能根据结果和预期目标的差距，对后续的学习行为、策略、环境、计划等因素进行调节		0.738
	C3-2	我能根据学习的过程进行实时监控和记录分析，实时判断差距		0.734
	C3-3	我能根据学习过程和预期目标的差距，动态地调整学习行为、策略、环境、计划等因素		0.653
	C3-4	我经常把反思的结果归结为能力问题		0.699
	C3-5	我经常把反思的结果归结为方法策略问题		0.676

借鉴的题项属于同一因子，因此合并后的情境系统共3个维度，分别为情境联系、互动参与和应用创新。其中，D1维度为情境联系，共8道题项，主要考察教师能否从复杂的教育情境中捕捉问题，用一定的教育理论立场或视角分析、解释教育情境的能力。D2维度为互动参与，共5道题项，主要考察教师是否积极参与社会交互，以及在学习与实践共同体中愿意分享自己，向他人学习，能获得专业成长的能力。D3维度为应用创新，共8道题项，主要考察教师对教育变革中的新理念、新问题、新情境能够积极探索与创新的能力，关注教师能否对问题进行批判性思考，提出自己独到的见解，形成自己独特的教育风格与教育思想。

2. 验证性因素分析

本研究运用Mplus软件对随机分半的另一半数据进行验证性因素分析，对探索性因素分析得到的能力模型进行检验。通过进一步调整，能

表 4　中小学教师学习力情境系统

因子命名	题项		旋转后的因子负荷		
			1	2	3
D1 情境联系	D1−1	教育情境很复杂，我很少从教育情境中定向、省察与感知问题		0.765	
	D1−2	我能感知教育情境中的问题，对教育实践情境中的问题有意识地反思，并能定向选择情境中的问题		0.788	
	D1−3	我能主动对教育情境中的问题作出反应，在理解情境中的问题中形成个人的见解与想法		0.739	
	D1−4	我能运用适切的教育理论解释教育情境，对教育情境中的问题进行自觉引导与控制，形成专业发展的助力		0.818	
	D1−5	我很少对自己的教育教学经验进行反思，缺乏对自我经验的整体性理解与系统性思考		0.794	
	D1−6	我意识不到自己与他人经验的差异，很少学习和借鉴他人的经验		0.653	
	D1−7	我能对教育经历及自我经验进行系统反思，通过对自我整体经验进行提升，将其主动应用于不同的教育情境中		0.630	
	D1−8	我能觉察到他人优于自己的教育经验，并愿意学习借鉴并主动融合应用于自身的教育实践中		0.658	
D2 互动参与	D2−1	我学习主要是为了完成任务，很少将所学与教育实践情境建立联系			0.760
	D2−2	我能学用结合，将所学主动、自觉地应用于不同的实践情境中			0.889
	D2−3	我会主动思考所学与应用之间的联系，将所学的知识技能创新性地迁移并应用于教育实践中			0.917
	D2−4	我能根据实践需要进行主动学习，学习与专业发展的互动成为促进我目前发展的动力			0.865
	D2−5	我较少参与学习共同体活动			0.770
D3 应用创新	D3−1	我在学习共同体中获得了归属感，我愿意参与交流，不断学习他人的优点	0.780		
	D3−2	我将教学实践过程视为教学相长的学习过程，在自身的教育教学实践中获得了丰富的体验，将此作为不断提升与持续发展的过程	0.852		
	D3−3	我愿意分享自己，并随时向同行及他人请教学习，在此过程中我获得了专业成长的力量	0.828		
	D3−4	我能从日常教育实践情境及冲突中捕捉有价值的问题，常常根据已有的经验分析问题，按常规性问题解决方法解决问题	0.751		
	D3−5	我能从日常教育实践情境及冲突中捕捉有价值的问题，将解决问题作为研究与学习的机会，形成有效的解决问题的策略与方法，创新或创造性地解决问题	0.787		

（续表）

因子命名	题项		旋转后的因子负荷		
			1	2	3
D3 应用创新	D3-6	我能对解决问题的过程进行反思，对问题解决的策略方法的合理性进行评估，并汲取解决问题的经验	0.815		
	D3-7	我将所学知识与教育实践密切联系起来，进行积极探索创新，形成自己的教育风格与教育思想	0.778		
	D3-8	对教育变革中的新理念、新问题、新情境，我能够形成自己的理解并提出自己独到的见解，结合实际积极探索与创新	0.770		

表5 验证性因素分析

统计检验量	卡方自由度比值（df）	标准化残差均方根（SRMR）	近似误差均方根（RMSEA [90%CI]）	Tucker-lewis系数（TLI）	比较拟合指数（CFI）
	<5	<0.06	<0.08	>0.9	>0.9
动力系统	2.300	0.064	0.065[0.060,0.070]	0.901	0.912
认知系统	2.900	0.037	0.078[0.072,0.085]	0.930	0.939
调节系统	2.998	0.029	0.080[0.070,0.090]	0.948	0.958
情境系统	2.510	0.047	0.070[0.062,0.078]	0.958	0.951
模型适配判断	通过	通过	通过	通过	通过

力模型达到拟合优度模型水平。由于教育、心理问题比较复杂，一般认为个别数据在拟合指标上下浮动较小时也可接受。验证性因子分析表示，除了个别指标在模型拟合可接受范围内略微浮动外，教师学习力的四个能力维度的df、SRMR、RMSEA、TLI、CFI指标均达到标准范围。各项指标检验结果显示，本研究所建立的教师学习力模型有良好的拟合性，模型合理。（见表5）

（三）问卷信效度检验

1. 信度检验

量表各维度的克隆巴赫系数（内部一致性系数）均大于0.85，且量表的克隆巴赫系数为0.988，说明问卷具有较高的信度。

2. 效度检验

（1）内容效度

本研究针对量表内容效度确立的两个阶段进行了严格把控。在量表制定阶段，研究者以相关研究为基础，对量表的维度进行界定，同时邀请专家对量表结构和题项进行调整修订。在量表内容效度的评价阶段，研究者对华东师范大学开放教育学院的学员开展了多轮测试，对量表的项目进行验证和审查。同时，专家组对量表项目反复审阅和修订，经过“分析—修订—验证”多次迭代，确保量表的各个项目具有较好的代表性，能比较准确地测量教师学习力水平。因此，本量表具有较高的内容效度。

（2）结构效度

本研究采用项目分析法、探索性因素分析法、验证性因素分析法，对量表各题项的区分度及数据结构进行了严格的筛选和检验，并通过多轮测试、反复迭代，不断修正教师学习力模型。以上措施较好地保证了量表的结构效度。

五、结语

本研究针对中小学教师学习力测量工具的开发，经过“文献研究—模型建构—量表开发—量表及模型检验—修订完善”五个阶段，并有多位专家的修改建议，保障了研究过程的规范性与严谨性，确保了研究结果的科学性与合理性。综合理论分析、专家论证及数据分析检验，本文首先构建了中小学教师学习力模型，并针对中小学教师学习力进行探究式因子分析，最终得到中小学教师学习力量表，由动力系统、认知系统、调节系统、情境系统 4 个维度组成，共 96 个题项。动力系统是中小学教师学习的内驱力与动力，认知系统是中小学教师学习的方法系统，调节系统是中小学教师学习的元认知方法系统，情境系统是中小学教师学习的应用激发系统。基于上述能力模型开发的中小学教师学习力自评量表，经过多轮迭代与试用验证，证明具有良好的信度与效度，可以作为中小学教师学习力测评工具。

参考文献：

[1] Crick R D, Haigney D, Huang S, et al. Learning power in the workplace: The effective lifelong learning inventory and its reliability and validity and implications for learning and development[J].The International Journal of Human Resource Management, 2013（11）: 2255–2272.

[2] 柯比 . 学习力 [M]. 金粒，编译 . 海口：南方出版社，2005：6–15.

[3] 樊香兰，孟旭 . 教师个体学习力：意蕴与诉求 [J]. 中国教育学刊，2011（5）：65–68.

[4] 崔振成 . 超越悲剧：教师学习力的退化与提振 [J]. 东北师大学报（哲学社会科学版），2014（5）：191–195.

[5] 李宝敏，祝智庭 . 从关注结果的“学会”，走向关注过程的“会学”：网络学习者在线学习力测评与发展对策研究 [J]. 开放教育研究，2017（4）：92–100.

[6] 李宝敏，宫玲玲，祝智庭 . 在线学习力测评工具的开发与验证 [J]. 开放教育研究，2008（3）：77–84+120.

[7] 吴明隆. 结构方程模型：AMOS 的操作与应用（第 2 版）[M]. 重庆：重庆大学出版社，2010：99–123.

Research on the Development and Verification of Learning Ability Assessment Tools for K12 Teachers

LI Baomin[1] GONG Lingling[1] ZHANG Shilan[2]

（1. Faculty of Education, East China Normal University, Shanghai 200062;

2. Shanghai Gezhi High School, Shanghai 200001, China）

Abstract: Learning ability is an important ability for K12 teachers to adapt to social development and promote professional development. The learning ability of K12 teachers is not only directly related to their own professional development, but also directly influences students' learning and development. It is necessary to study on K12 teachers' learning ability and to carry out ability assessment for improving their lifelong learning ability. Combining theory research, expert argumentation and multiple rounds of empirical tests, we developed an K12 teachers' learning ability model in the new era. Based on this model, an ability scale assessment tool was developed, and the scientific model of learning capacity was verified through comprehensive rounds of validation and testing. This model can provide the basis for the development and evaluation of teachers' learning ability as a useful tool for K12 teachers.

Key words: K12 Teachers, Learning Ability, Development Model, Evaluation

（责任编辑：袁玲　周如玥）

图书在版编目（CIP）数据

上海教师. 第5辑 / 上海市师资培训中心编. — 上海：上海教育出版社，2022.2
ISBN 978-7-5720-1342-3

Ⅰ. ①上… Ⅱ. ①上… Ⅲ. ①教师 - 生平事迹 - 上海 - 现代②教育 - 文集 Ⅳ. ①K825.46 ②G4-53

中国版本图书馆CIP数据核字(2022)第029156号

责任编辑　汪海清　袁　玲
封面设计　陆　弦

上海教师（第5辑）
上海市师资培训中心　编

出版发行　上海教育出版社有限公司
官　　网　www.seph.com.cn
地　　址　上海市闵行区号景路159弄C座
邮　　编　201101
印　　刷　上海中华印刷有限公司
开　　本　890×1240　1/16　印张 8
字　　数　230 千字
版　　次　2022年2月第1版
印　　次　2022年2月第1次印刷
书　　号　ISBN 978-7-5720-1342-3/G·1051
定　　价　30.00 元

如发现质量问题，读者可向本社调换　电话：021-64373213